3시간
독학 완성

손에 잡히는
내 사주 내 팔자

도담 道淡 편저

문원북
BOOK

손에 잡히는 내사주 내팔자

초판발행일 | 2015년 5월 1일
편 저 | 도 담
펴낸이 | 김민철
펴낸곳 | 도서출판 문원북
디자인 | 디자인일 design_il@naver.com

출판등록 | 1992년 12월 5일 제4-197호
전화 | (02) 2634-9846
팩스 | (02) 2635-9846
이메일 | wellpine@hanmail.net
ISBN | 978-89-7461-233-7

3시간
독학 완성

손에 잡히는
내사주 내팔자

문원북
BOOK

머리말

몇 년 전, 헌책방을 들르게 되었습니다. 책방을 한참 둘러보는 동안 눈에 들어오는 책이 없었습니다. 저는 가끔 헌책방에 들르면 보통 두 세 시간 정도 머물며 책을 고르곤 했는데, 그 날은 반나절을 머물며 책을 골라도 마땅히 눈에 들어오는 책이 없었습니다. 그만 포기하고 책방 문을 나가려는데 문 옆 한 귀퉁이에 이리저리 흩어지고 먼지가 묻어 있는 책 다발 사이에 갈색으로 빛바랜 얇은 책이 눈에 들어오는 것이었습니다. 겉장은 오랜 세월 탓인지 떨어져 있었습니다. 그 책의 속장에 경오년(1930년)이라는 단어가 그 책의 출판 년대를 추정하게 할 뿐이었습니다. 그리고 그 내용을 훑어보는 순간, 문득 일제시대 때 당사주의 영인본이 아닌가 하는 생각을 했습니다.

이렇게 해서 입수하게 된 제목도 모르는 책을 다시금 세상에 내 놓아야겠다고 결심한 계기는, 책을 읽어 내려가는 동안 나 자신의 인생을 너무도 적확하게 나열하고 있어서였습니다.

물론 지인들에게도 사주를 보아주었는데, 역시 그 적중률이 대단히 높았습니다.

책을 마치고 보니 그 책에 대한 개인적인 평가입니다만, 인생의 여정이라는 것이 자기 자신 스스로의 운명개척이 아닌, 나는 어떻게 타고난 宿命숙명대로 살아갈 것인가에 대한 해답을 주는 점서인 것입니다. 그리고 인생의 비밀을 풀어 나아가는 것 같은 느낌을 주는 책이었는데, 여러 번 읽다 보니 어렴풋이 비밀을 풀었다는 느낌이 왔기에 흥분된 마음을 감추지 못하고 단숨에 써 내려간 책입니다.

이 책은 최대한 알기 쉽게 원본에 가깝게 편저하였으니 차분히 반복해서 읽다보면 인생의 운명적 윤곽을 보실 수 있을 것이라 믿어 의심치 않는 바입니다. 당사주와 명리학의 운명판단 종합결정체라고 말할 수 있을 것입니다.

편저하는 과정에서 혹여 이름 모를 원 저자에게 폐가 되지 않겠나 하는 염려와 더불어 그 책과 인연이 닿은 것에 대한 감사의 뜻을 전합니다.

또 이 책은 현업에 종사하는 역술인이나 자신의 운명을 관조해 보고픈 분들을 위한 책이니 부디 살펴보시고 지도편달 청하는 바입니다.

明禮當에서 戊子年 初夏

道淡 拜上

차례

인생총론이라 함은 일생의 '榮枯得失영고득실'과
'貧富貴賤빈부귀천'을 총괄하여 논함이라.

제1편
인생총론

제1장
十二殺십이살

十二殺십이살이라 함은 劫殺겁살, 災殺재살, 天殺천살, 地殺지살, 年殺년살, 月殺월살, 亡身殺망신살, 將星장성, 攀鞍반안, 驛馬역마, 六害육해, 華蓋화개라는 殺살의 종류를 말한다.

殺살이라고 하는 것은 죽음을 뜻하지만, 十二殺십이살에서의 殺살은 사람이 태어나서 죽을 때까지 함께해야 하는 하늘이 내려준 '宿命숙명'인 것이다.

사람이 하늘로부터 목숨을 받는 순간, 즉 '태어난 년월일시'가 십이살의 숙명을 받는 순간인 것이다. 사람마다 태어난 년월일시가 같을 수도 다를 수도 있으니, 사람마다 그 숙명은 같거나 다르다 할 것이다. 즉, 비슷한 인생을 살거나 전혀 다른 인생을 살 수 있다는 것이다.

그럼, 제1장에서 그럼 하늘이 내려준 자신의 숙명이 무엇인가 알아보도록 하자.

1. 자신의 십이신살十二神殺 찾는 법

(1) 제일 먼저 태어난 생년월일시를 '음력'으로 알아 놓는다.

아래의 '띠 조견표' '십이살 기본 도표' '십이살 조견표' '시 조견표'를 이용하여 자신에게 해당하는 생년 십이살, 생월 십이살, 생일 십이살, 생시 십이살을 찾아낸다.

손에 잡히는 **내사주 내팔자**

● 띠 조견표

60갑자	태어난 年	띠	태어난 年	띠	태어난 年
甲子갑자	1924, 1984	甲申갑신	1944, 2004	甲辰갑신	1904, 1964
乙丑을축	1925, 1985	乙酉을유	1945, 2005	乙巳을사	1905, 1965
丙寅병인	1926, 1986	丙戌병술	1946, 2006	丙午병오	1906, 1966
丁卯정묘	1927, 1987	丁亥정해	1947, 2007	丁未정미	1907, 1967
戊辰무진	1928, 1988	戊子무자	1948, 2008	戊申무신	1908, 1968
己巳기사	1929, 1989	己丑기축	1949, 2009	己酉기유	1909, 1969
庚午경오	1930, 1990	庚寅경인	1950, 2010	庚戌경술	1910, 1970
辛未신미	1931, 1991	辛卯신묘	1951, 2011	辛亥신해	1911, 1971
壬申임신	1932, 1992	壬辰임진	1952, 2012	임자壬子	1912, 1972
癸酉계유	1933, 1993	癸巳계사	1953, 2013	癸丑계축	1913, 1973
甲戌갑술	1934, 1994	甲午갑오	1954, 2014	甲寅갑인	1914, 1974
乙亥을해	1935, 1995	乙未을미	1955, 2015	乙卯을묘	1915, 1975
丙子병자	1936, 1996	丙申병신	1956, 2016	丙辰병진	1916, 1976
丁丑정축	1937, 1997	丁酉정유	1957, 2017	丁巳정사	1917, 1977
戊寅무인	1938, 1998	戊戌무술	1958, 2018	戊午무오	1918, 1978
己卯기묘	1939, 1999	己亥기해	1959, 2019	己未기미	1919, 1979
庚辰경진	1940, 2000	庚子경자	1960, 2020	庚申경신	1920, 1980
辛巳신사	1941, 2001	辛丑신축	1901, 1961	辛酉신유	1921, 1981
壬午임오	1942, 2002	壬寅임인	1902, 1962	壬戌임술	1922, 1982
癸未계미	1943, 2003	癸卯계묘	1903, 1963	癸亥계해	1923, 1983

● 십이살十二殺 기본도표

사巳	오午	미未	신申
진辰	십이살 기본도표		유酉
묘卯			술戌
인寅	축丑	자子	해亥

● 십이살十二殺 조견표

띠 신살	범띠 말띠 개띠	돼지띠 토끼띠 양띠	원숭이띠 쥐띠 용띠	뱀띠 닭띠 소띠
劫殺겁살	해	신	사	인
災殺재살	자	유	오	묘
天殺천살	축	술	미	진
地殺지살	인	해	신	사
年殺년살	묘	자	유	오
月殺월살	진	축	술	미
亡身殺망신살	사	인	해	신
將星장성	오	묘	자	유
攀鞍반안	미	진	축	술
驛馬역마	신	사	인	해
六害육해	유	오	묘	자
華蓋화개	술	미	진	축

＊띠를 기준하되 년,월,일,시의 지지地支을 적용하면 각각의 십살을 구할 수 있다.

● 시時 조견표

태어난 시간	十二支地십이지지 時시
(저녁)오후11시~오전1시까지	자時
오전1시~오전3시까지	축時
오전3시~오전5시까지	인時
오전5시~오전7시까지	묘時
오전7시~오전9시까지	진時
오전9시~오전11시까지	사時
(점심)오전11시~오후1시까지	오時
오후1시~오후3시까지	미時
오후3시~오후5시까지	신時
오후5시~오후7시까지	유時
오후7시~오후9시까지	술時
(저녁)오후9시~오후11시까지	해時

● 榮枯得失영고득실 - 인생의 영화로움과 초라함을 얻는 것과 잃는 것을 말한다.

● 貧富貴賤빈부귀천 - 가난함, 부유함, 귀함, 천함을 말한다.

● 宿命숙명 - 태어날 때부터 정하여진 運命운명을 말한다.

● 運命운명 - 미래에 대한 존속과 멸망이나 삶과 죽음에 관한 처지를 말한다.

● 天干천간 - 甲갑 乙을 丙병 丁정 戊무 己기 庚경 辛신 壬임 癸계

● 十二支地십이지지와 띠

子자-쥐띠, 丑축-소띠, 寅인-범띠, 卯묘-토끼띠, 辰진-용띠, 巳사-뱀띠, 午오-말띠,

未미-양띠, 申신-원숭이띠, 酉유-닭띠, 戌술-개띠, 亥해-돼지띠를 말한다.

■ 예시. 1

▶ 1979년 음력 8월 10일 오전 4시 출생 年년, 月월, 日일, 時시 십이살 찾기

첫째 : 年년 십이살 찾기

띠 조견표에서 1979년을 찾으면 '己未기미'에 해당 양띠가 된다.

십이살 기본 도표에서 '己未기미' 양띠를 찾으면 다음과 같다.

십이살 조견표 양띠에 '미未'이니 태어난 해의 십이살은 화개살에 해당한다.

둘째 : 月월 십이살 찾기

태어난 달이 8월이니 '미未'에서 ①시작하여 → 우측방향으로 ⑧을 세어 가면 '인寅'에 해당이 된다.

십이살 조견표에서 양띠 칸에서 '寅인'을 찾아보면 망신살에 해당한다.

사巳	오午	미未. 시작 점 → ①	↓ 신申 ②
진辰			유酉 ③
묘卯	십이살 기본 도표		술戌 ④
↑ 인寅 ⑧	← 축丑 ⑦	자子 ⑥	해亥 ⑤

셋째 : 日일 십이살 찾기

日일이 8월 10일이니, 月월 십이살에서 끝마친 '寅인'에서부터 ①일을 시작하여 우측 방향으로 ⑩을 세어 가면 '亥해'가 된다.

십이살 조견표에서 양띠 칸에서 '亥해'를 찾아보면 지살에 해당한다.

사巳 ④	오午 ⑤	미未 ⑥	↓ 신申 ⑦
진辰 ③			유酉 ⑧
묘卯 ②	십이살 기본 도표		술戌 ⑨
↑인寅. ①시작 점	축丑	자子	해亥 ⑩

넷째 時시 십이살 찾기

時시가 8월 10일 오전 4시이므로(오전3시~오전5시까지) 寅인시에 해당한다.

日일칸에 해당한 '亥해'에서부터 시작하여 → 우측방향으로 子자(해)→丑축(자)→寅인(축) 하여 진행하니 '丑축'에 해당이 된다.

십이살 조견표에서 양띠 칸에서 '丑축'을 찾아보면 월살에 해당한다.

사巳	오午	미未	신申
진辰	십이살 기본 도표		유酉
묘卯			술戌
인寅	축丑 ③	← 자子 ②	해亥. ①시작 점

■ 종합
● 십이살十二殺 조견표

신살 \ 띠	범 띠 말 띠 개 띠	돼지띠 토끼띠 양 띠	원숭이띠 쥐 띠 용 띠	뱀 띠 닭 띠 소 띠
劫殺겁살	해	신	사	인
災殺재살	자	유	오	묘
天殺천살	축	술	미	진
地殺지살 (일)	인	해	신	사
年殺년살	묘	자	유	오
月殺월살 (시)	진	축	술	미
亡身殺망신살(월)	사	인	해	신
將星장성	오	묘	자	유
攀鞍반안	미	진	축	술
驛馬역마	신	사	인	해
六害육해	유	오	묘	자
華蓋화개 (년)	술	미	진	축

■ 예시. 2

▶ 생일이 12일을 넘는 경우, 1979년 음력 8월 21일 오전 4시 출생
   年년, 月월, 日일, 時시 십이살 찾기

첫째 : 年년 십이살 찾기

　　　　띠 조견표에서 1979년을 찾으면 '己未기미'에 해당 양띠가 된다.

　　　　십이살 조견표 양띠에 '미未'이니 태어난 해의 십이살은 화개살에 해당한다.

둘째 : 月월 십이살 찾기

　　　　8월이니 '미未'에서우측으로 8을 세어 가면 '인寅'에 해당이 된다.

　　　　십이살 조견표에서 양띠 칸에서 '寅인'을 찾아보면 망신살에 해당한다.

셋째 : 日일 십이살 찾기

　　　　십이살 조견표에서 양띠 칸에서 '戌술'을 찾아보면 천살에 해당한다.

사巳 →	오午	미未	신申 ↓
4일	5일	6일	7일
16일	17일	18일	19일
진辰			유酉
3일			8일
15일	십이살　기본 도표		20일
묘卯			술戌
2일			9일
14일			21일
↑ 인寅	← 축丑	자子	해亥
1일 시작 점	12일	11일	10일
13일			←

넷째 : 時시 십이살 찾기

　　　　21일이 戌술에서 끝나고 寅인시이므로 자(술)에서 시작하여 → 축(해) → 인
　　　　(자)으로 寅인時가 子자에 해당, 십이살 조견표에서 찾아보면 년살에 해당한다.

사巳	오午	미未	신申
진辰			유酉
묘卯	십이살　기본 도표		술戌 (자시)
			↓ 시작 점
인寅	축丑	자子(인시)	← 해亥(축시)

(2) 天干천간 地支지지의 陰陽五行음양오행과 相生상생 相剋상극

● 陰陽五行음양오행 표
・ 五行오행의 相生상생

오행 간지	木목		火화		土토		金금		水수	
	양陽	음陰	양陽	음陰	양陽	음陰	양陽	음陰	양陽	음陰
天干천간	갑甲	을乙	병丙	정丁	무戊	기己	경庚	신辛	임壬	계癸
地支지지	인寅	묘卯	오午	사巳	진辰,술戌	축丑,미未	신申	유酉	자子	해亥

– 목화토금수의 다섯 오행이 서로 도와 이로운 것을 말합니다.
목생화 – 나무는 불을 살리고, 불은 꽁꽁 언 나무를 따뜻하게 해주니 서로 좋다.
화생토 – 불은 사물을 태워서 흙을 기름지게 만들며, 흙은 언덕을 만들어 불이 꺼지지 않게
　　　　바람을 막아주니 서로 좋다.
토생금 – 흙은 단단하게 굳어져 쇠를 만들어내며, 쇠는 흙을 둘러싸 나무뿌리가 뚫고 들어
　　　　오는 것을 막아주니 서로 좋다.
금생수 – 쇠는 습기를 모아 큰물을 만들어 준다.
수생목 – 물은 나무를 살려주고, 나무는 물을 순환시켜 썩지 않게 하고 물을 머금어서 증발
　　　　하지 않게 도와주니 서로 좋다

・ 五行오행과 相剋상극
– 목화토금수의 다섯 오행이 서로 부딪혀 해로운 것을 말합니다.
목극토 – 나무는 흙을 파고들어 괴롭히고, 흙은 사태가 나면 나무를 파묻어 버린다.
토극수 – 흙은 물길을 막아 흐르지 못하게 하고, 물은 홍수로 흙을 씻어낸다.
수극화 – 물은 불을 꺼뜨리고, 불은 물을 증발시켜 버리니 서로 나쁘다.
화극금 – 불은 쇠를 녹이고, 쇠는 불의 열기를 빼앗으니 서로 나쁘다.
금극목 – 쇠는 나무를 자르고, 단단한 나무는 쇠를 무디게 하니 서로 나쁘다.

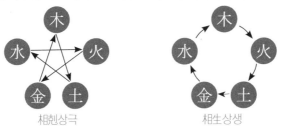

21

(3) 태어난 年년, 月월, 日일, 時시의 12운성 찾기

12운성이란 絕胎養生절태양생 浴帶冠旺욕대관왕 衰病死墓쇠병사묘로 인생에 이정표로. 사람이 태어나고 자라서 결혼을 하고 세상에 나가 입신양면 하여 죽는 날까지 運운을 표시한 것으로, 마치 가야금 12줄에 희로애락을 담아 소리로 울기도, 웃기도 하며, 인생 사주 팔자를 十二 運星12운성의 곡조에 맞추어 읊은 노랫가락과 같다.

■ 예시. 1

▶ 1975년 음력 11월 23일 오전 낮12시 출생 年년, 月월, 日일, 時시 12운성 찾기

첫째　年년 태어난 해 즉 띠의 천간지지를 중심으로 12운성을 판단해야하는데,
　　　먼저 띠조견표에서 자신의 태어난 해의 천간을 본다.
　　　1975년생이라면 을묘년이 된다.

　　　乙을 ▶ 천간天干
　　　卯묘 ▶ 지지地支

둘째　십이살 기본도표를 활용해서 지지를 찾는다.
　　　생月월 11월이니 십이살 기본도표에서 생월이 丑축이 된다.
　　　생日일 23일이니 십이살 기본도표에서 생일이 亥해가 되고
　　　생時시 낮12시면 午오시, 십이살 기본도표에서 생시가 巳사가 되는 것이다.

셋째　12운성을 찾을 때는 년간 기준으로(태어난 해의 천간 – 乙 기준)해서 지지를
　　　하나씩 대입하면 생년-祿록, 생월-衰쇠, 생일-死사, 생시-浴욕이 된다.

● 12운성포태법 표

년간 \ 12운성	生생	浴욕	帶대	祿록	旺왕	衰쇠	病병	死사	墓묘	絕절	胎태	養양
甲갑년생	해	자	축	인	묘	진	사	오	미	신	유	술
乙을년생	오	사	진	묘	인	축	자	해	술	유	신	미
丙병년생	인	묘	진	사	오	미	신	유	술	해	자	축
丁정년생	유	신	미	오	사	진	묘	인	축	자	해	술
戊무년생	인	묘	진	사	오	미	신	유	술	해	자	축
己기년생	유	신	미	오	사	진	묘	인	축	자	해	술
庚경년생	사	오	미	신	유	술	해	자	축	인	묘	진
辛신년생	자	해	술	유	신	미	오	사	진	묘	인	축
壬임년생	신	유	술	해	자	축	인	묘	진	사	오	미
癸계년생	묘	인	축	자	해	술	유	신	미	오	사	진

종합해서 정리하면 다음과 같으며 얻어진 내용을 가지고 해당하는 십이살十二殺
풀이를 보면 인생의 희로애락을 알 수 있다

1975년(乙卯을묘년) 음력 11월 23일 午오시 생 천간 "乙" 의 사주의 예			
찾는 곳 ↓	年	月	日	時
	조상	부모형제	부부	자손
십이살 기본도표	卯묘	丑축	亥해	巳사
오행의 상생상극	木목	土토	水수	火화
	年·月 목극토	月·日토수극		日·時수극화
십이살 조견표	將星장성	月殺월살	地殺지살	驛馬역마
12운성 포태법표	祿록	衰쇠	死사	浴욕

23

(4) 行年행년 12운성 보기

한해 한해의 12운성이 어떻게 되는가를 알아보는 것이다.
예를 들어, 甲갑년에 태어난 사람이 해당되는 그 해(행년)가 묘년(토끼해)이면 12운성은
'旺왕'에 해당되는 것이다. 십이살 풀이를 보다가 '행년'이라는 말이 나오면 비교하여 보면
된다.

※ 행년-한해 한해의 12지지를 말한다.

● 행년 12운성포태법 표

년간 \ 12운성	生생	浴욕	帶대	祿록	旺왕	衰쇠	病병	死사	墓묘	絶절	胎태	養양
甲갑년생-행년	해	자	축	인	묘	진	사	오	미	신	유	술
乙을년생-행년	오	사	진	묘	인	축	자	해	술	유	신	미
丙병년생-행년	인	묘	진	사	오	미	신	유	술	해	자	축
丁정년생-행년	유	신	미	오	사	진	묘	인	축	자	해	술
戊무년생-행년	인	묘	진	사	오	미	신	유	술	해	자	축
己기년생-행년	유	신	미	오	사	진	묘	인	축	자	해	술
庚경년생-행년	사	오	미	신	유	술	해	자	축	인	묘	진
辛신년생-행년	자	해	술	유	신	미	오	사	진	묘	인	축
壬임년생-행년	신	유	술	해	자	축	인	묘	진	사	오	미
癸계년생-행년	묘	인	축	자	해	술	유	신	미	오	사	진

※ '행년-12운성 포태법'- 년간기준(태어난 해의 천간 기준)

손에 잡히는 **내사주 내팔자**

(5) 天德천덕

天德천덕을 '天德貴人천덕귀인' 이라고도 하며, 아래와 같이 큰 특징이 있다. .

첫째   前生전생에 功德공덕을 많이 축적했다.

둘째   남자보다 여자에게 작용력이 강하며 이상적 배우자와 인연을 맺는다.

셋째   凶殺흉살은 해산하고 백가지 종류의 재액이 평생 침범하지 않는다.

십이살 풀이를 보다가 천덕이라는 말이 나오면 아래 내용에서 해당하는 천간지지에 적용하여 본다.

생년월일시의 12지지	자	축	인	묘	진	사	오	미	신	유	술	해
天德천덕	巳사	庚경	丁정	申신	壬임	辛신	亥해	甲갑	癸계	寅인	丙병	乙을

생년, 생월, 생일, 생시의 천간과 지지 안에서

자와 巳사가 만나면 천덕에 해당한다.

축과 庚경이 만나면 천덕에 해당한다.

인과 丁정이 만나면 천덕에 해당한다.

묘와 申신이 만나면 천덕에 해당한다.

진과 壬임이 만나면 천덕에 해당한다.

사와 辛신이 만나면 천덕에 해당한다.

오와 亥해가 만나면 천덕에 해당한다.

미와 甲갑이 만나면 천덕에 해당한다.

신과 癸계가 만나면 천덕에 해당한다.

유와 寅인이 만나면 천덕에 해당한다.

술과 丙병이 만나면 천덕에 해당한다.

해와 乙을이 만나면 천덕에 해당한다.

(6) 元嗔殺원진살

십이살 풀이 중에 나오는 사주내의 원진살을 판단하는 것이다.

즉 사주에 원진살을 보는 것을 말한다.

부부화합하지 못하고 불목하며, 가족간에 불만이 쌓이기도 한다.

怨嗔원진이 있는 사람은

    - 원망이나, 원수같이 산다.
    - 이별, 생별, 사별 하는 일이 많다.
    - 불평불만이 많다.
    - 怨嗔殺원진살있고 재차 凶殺흉살이 가입되면 흉살작용이 강해진다.

사주 내에서

    자가 미를 만나는 것
    축이 오를 만나는 것
    인이 유를 만나는 것
    묘가 신을 만나는 것
    진이 해를 만나는 것
    사가 술을 만나는 것

자-미	축-오	인-유	묘-신	진-해	사-술

예를 들어, 십이살 기본도표를 이용하여 생년월일시를 따져보면

_____년(_____년) 음력 ____월 ____일 ____시 생
천간 " _____ " 의 사주의 예

찾는 곳 ↓	생년 (조상)	생월 (부모 형제)	생일 (부부)	생시 (자손)
십이살 기본 도표	묘	신	유	인

이라면, 묘-신 원진살, 유-인 원진살이 되는 것이다. 다른 신살도 이런 방법으로 비교하여 보면 된다. .

(7) 天乙貴人천을귀인

태어난 해가 丁亥정해년이면 '태어난 해의 천간'에서 '丁정'을 보고, '태어난 해의지지' 칸에 있는 '亥해'나 '酉유'가 사주에 있으면 천을 귀인이 있는 것이다.
만사 흉함을 소멸시키고 귀인의 도움을 받게 하는 吉星길성이다.

태어난 해의 천간	甲	乙	丙	丁	戊	己	庚	辛	壬	癸
태어난 해의지지 (천을귀인에 해당하는 지지)	丑, 未	子, 申	亥, 酉	亥, 酉	丑, 未	子, 申	丑, 未	寅, 午	巳, 卯	巳, 卯

(8) 六合육합

사주 내에서
자와 축이 만나면 육합
인과 해가 만나면 육합
묘와 술이 만나면 육합
진과 유가 만나면 육합
사와 신이 만나면 육합
오와 미가 만나면 육합

자-축	인-해	묘-술	진-유	사-신	오-미

(9) 三刑殺삼형살

사주 내에서

축과 술이 만나면 삼형살

술과 미가 만나면 삼형살

축과 미가 만나면 삼형살

인과 사가 만나면 삼형살

사와 신이 만나면 삼형살

인과 신이 만나면 삼형살

축-술	술-미	축-미	인-사	사-신	인-신

※'사-신'은 육합도 되고 삼형도 된다. 그러나 결론적인 해석은 삼형살로 해야 한다.

(10) 孤辰殺고신살

홀아비 살이라고도 하며, 돼지띠 쥐띠 소띠는 사주에 인을 보면 고신살,

호랑이띠 토끼띠 용띠는 사주에 사를 보면 고신살, 뱀띠 말띠 양띠는 사주에 신을 보면 고신살,

원숭이띠 닭띠 개띠는 사주에 해를 보면 孤辰殺고신살이다.

태어난 띠	사주에 있는 지지
돼지띠 쥐띠 소띠	인
호랑이띠 토끼띠 용띠	사
뱀띠 말띠 양띠	신
원숭이띠 닭띠 개띠	해

(11) 羊刀殺양인살

지나친 결단력으로 화를 자초하고, 관재구설 시비에 휘말리며, 갑, 병, 무, 경, 임의 작용력이 크고, 을, 정, 기, 신, 계의 작용력을 약하다.

태어난 해의 천간	갑	을	병	정	무	기	경	신	임	계
사주의 지지	묘	진	오	미	오	미	유	술	자	축

(12) 沖충

띠와 월, 월과 일, 일과 시가 서로 부딪히는 것이다. 좋지 못하다.

자-오 → 沖충
축-미 → 沖충
인-신 → 沖충
묘-유 → 沖충
진-술 → 沖충
사-해 → 沖충

2. 生年생년, 生月생월, 日생일, 生時생시 十二殺십이살 풀이

生年생년는→ 초년운, 生月생월은→장년운, 生日생일은→중년운
生時생시는→ 말년운으로 십이살을 찾았으면 아래의 해당하는 풀이를 볼 수 있다.

(1) '生年생년'의 십이살 풀이-초년(1~30세 이전)

①생년-地殺지살

생년에 지살이 드니 사람됨이 어질도다.
일찍이 부모와 이별하고 생진사초, 즉 양자로 갈 팔자로다.
지살이 거푸 만나게 되면 어머니가 둘이요, 지살이 셋이면 큰 부자로다.
조상의 업은 지키기 어렵고 문장으로 업을 삼으리라.
옛터는 불리하니 반드시 타향에 살리라.

②생년-將星장성

생년에 장성이드니 성정이 높고 호연지기가 있도다.
천성이 풍덕하여 만인이 우러르는 관직에 출입하리라.
문장으로써 성공하니 몸이 청운에 오르는구나.
旺왕운과 같이 있으면 이십 칠 팔세에 병부에 오르리라.※(12운성포태법 참조)
천을귀인과 같은 궁에 있으면 권세로 만리에 잡으리라.※(天乙貴人천을귀인 참조)

③생년-華蓋화개

생년에 화개가 있으면 성품이 순하고 착하며, 총명대길하리라.
대인은 복을 받을 것이요, 평상인은 도리어 흉함이 되리라.
사주에 반안살이 함께하면 일찌감치 공직에 나아가리라.
만일 이 화개살이 사주로 보아 인수성이 되면 반드시 귀한 자식을 두리라.
※(본인의 사주를 참고하라)

(2)'生月생월'의 십이살 풀이-장년(30~40세 전후)

① 생월-劫殺겁살

창공을 나는 기러기가 무리에서 떨어지는 격이니 일찍 부모 슬하에서 이별하고
형제가 흩어지리라. 만약 조실부모가 아니면 타향에서 홀로 외로이 지내리라.
성정이 급하기가 불과 같으니 조상이 물려 준 재산이나 가업을 지키기는 가히
어려우리라. 이리저리 방황하며 이사를 자주하니 백사를 이루기 어렵도다.
그러나 천신만고 끝에 자수성가하여 마침내는 의식이 풍족하리라.

② 생월-災殺재살

천지에 정 붙일 곳이 적으니 세업을 지키기 어렵도다.
육친에 덕이 없으니 홀로 살아가는 스님의 팔자로다.
만일 몸에 상처나 이상이 없으면 도적으로 인하여 한 번 놀라는구나.
만일 재살에 旺왕이나 祿록을 만나게 되면 재앙이 도리어 귀함이 되리라.
※(12운성포태법 참조)
마음을 못 잡고 이리저리 방황하지 말라. 그런 행동은 무녀의 행동이니라.

③ 생월-天殺천살

생월에 천살을 띄었으니 심장과 간장에 병이 있도다.
초년은 가난하나 중년은 부유하고, 재난이 간간히 있겠도다.
형제궁에 덕이 없으니 일신이 고독하도다.
열아홉 살과 스물일곱 살에 큰 환란이 있으리라.
외가와 친가의 왕래가 잦으니 딸린 식솔들이 많겠도다.

④ 생월-地殺지살

생월이 지살에 입하니 어머니가 먼저 돌아가시리라.
간간이 가정에 변고가 생기니 질병이 겹쳐 오는구나.
초분이 비록 곤란하나 중년은 부자수로다.
한 번은 양어머니를 볼 터이니 후사 없는 제사를 지내리라.
하늘과 땅이 적막하니 조업이 흩어지는구나.

⑤ 생월-年殺년살

생월에 년살을 만나니 성정이 급하지만 유순하여 여우가 여유롭게 메추리를
쫓는 격이로다. 의식을 비록 풍족하나 형제에 액이 있도다.
육친이 무덕하니 일신이 고단하도다. 祿록이 서로 육합하면 태진의 별빛이 그
빛을 잃는다. ※(12운성포태법과 六合육합 참조)

⑥ 생월-月殺월살

생월에 월살이 드니 중(스님)을 좋아하는구나.
열아홉이나 이십 삼세에 큰 액을 당하리라.
몸을 산문에 의지하니 반드시 초년에 실패수가 있으리라.
관재구설이 따르니 부모님의 말씀을 잘 들어야 하느니라.
곤고함을 이기지 못하여 도움 받지 못할 머슴살이를 하리라.

⑦ 생월-亡身殺망신살

생월에 망신살이 드니 천성이 엄하고 급하도다.
청전세업은 광풍에 쇠락하리라.
관재와 구설이 간간히 있구나.
삼형살이 임하면 귀향 갈 액을 당하리라. ※(三刑殺삼형살 참조)
生생이 한가지로 띄면 귀인의 격이로다. ※(12운성포태법 참조)

⑧ 생월-將星장성

생월에 장성이 드니 영화로운 손님이로다.
어진 마음씨를 가졌으니 몸과 마음이 귀함을 얻는구나.
군자는 고위직이요, 소인은 노비를 하도다.
노비가 뜰에 가득하니 의식 걱정은 없도다.
형제간에 덕이 없으니 반드시 분리되어 살리라.

⑨ 생월-攀鞍반안

생월에 반안이 드니 과거로 등과하는 격이로다.

성정이 순후하니 행장이 가장 길하리라.

만약 관록이 아니면 가히 평생을 탄식하며 살리라.

가정 사는 어떠한 고 하니 가난하지도 아니하고 부유하지도 아니하리라.

만일 帶대에 임하면 자손에 영화가 있으리라. ※(12운성포태법 참조)

⑩생월-驛馬역마

생월에 역마가 드니 성품이 순후하도다.

군자는 이름을 이루고 벼슬의 작록을 더하리라.

서민이 꾀로 경영하면 가히 부유하다 칭송 받으리라.

바람마저 고향을 떠나니 형제들은 아버지 곁으로 가는구나.

만일 관록을 얻지 못한다면 허송세월을 하리라.

⑪ 생월-六害육해

생월에 육해가 드니 고독한 상이로다.

성정이 급하고 독하니 만사가 이롭지 못하도다.

부모와 일찍 이별하고 사방으로 분주하리라.

형제간에 불화하니 간간이 해가 있도다.

얻음은 적고 실속이 없으니 밖은 부자요, 안은 가난하도다.

⑫ 생월-華蓋화개

생월에 화개가 드니 공부로써 귀히 되리라.

조업을 잇기 어려우니 자수성가 하리다.

형제궁에 덕이 없으니 형제간에 불화하도다.

만일 예술로 업을 삼지 않으면 장사로써 재물을 얻으리라.

중년은 부자의 명이요, 말년은 권력 없이 낙향한 가난한 선비로다.

(3) '生日생일'의 십이살 풀이-중년(40~60세 전후)

①생일-劫殺겁살

일에 겁살이 드니 남녀 모두 실패수가 있도다.

육친의 덕이 없으니 고향을 떠나 살아야 성공하리라.

부부궁이 가시밭길인데 그 한은 무엇 인고 하니, 이별하거나 사별하는 한이로다.

옛터에서 사는 것은 이롭지 않으니 조상의 가업을 지키지 못하리라.

그러나 생일에 독경(불경)을 하면 가히 그 액들을 면하리라.

②생일-災殺재살

생일에 재살이 드니 몸에 재앙이 많이 따르는 구나.

만약 생월과 생시에도 재살을 거푸 만나면 실물하고 패가하리라.

관재가 가히 두렵도다. 그렇지 않으면 상처를 하리라.

일찍이 불전에 기도하여 액을 면하게 되면 자식의 우환을 막을 수 있으리라.

생일에 재살이 가장 좋은 12운성은 旺왕에 해당하는 방이니 재난이 변하여 복이 되리라. ※(12운성포태법 참조)

③생일-天殺천살

일을 도모하는 곳에 간간히 구설이 따르는구나.

친척과 이별하니 고독한 상이로다.

생일에 천살이 임하니 아버지 그늘에서 일찍감치 떠나는구나.

생일이 帶대에 해당하면 자손에게 영화가 있도다. ※(12운성포태법 참조)

만일 천덕에 임하면 백사가 대길하리라.

④생일-地殺지살

생일에 지살이 드니 문장과 재예가 뛰어나다.
남녀가 서로 사귀지 못하니 이별의 아픔을 면하기 어렵도다.
운에 재물이 많이 따르니 가사가 크게 번창하리로다.
중년과 만년에 병을 얻으니 어찌할까.
농사로 업을 삼으니 자수성가하여 부를 누리리라.

⑤생일-年殺년살

생일에 년살이 드니 복록이 온전하도다.
군자는 글로써 수양을 하고 소인은 의식이 풍족하도다.
일생 분주한 팔자이니 자식두기가 어려울까 두렵도다.
주색을 가까이하지 말라. 이리에게 물려갈까 두렵도다.
만일 喪妻상처가 아니면 반드시 생이별을 하리라.

⑥생일-月殺월살

생일에 월살이 드니 처자가 분리 되리라.
옛터가 이롭지 못하니 타향에 가면 길하리라.
처궁에 살을 범하니 한번 喪妻상처하리라.
만일 상처가 아니면 자식궁이 이롭지 못하리라.
마음속에 무당을 좋아하니 목을 맬까 심히 두렵도다.

⑦생일-亡身殺망신살

생일에 망신이 드니 정신이 혼미하도다.
일찍 하는 결혼은 이롭지 못하고 늦은 결혼이 이롭도다.
남으로 인하여 피해를 입을 수 있고, 높은 곳에서 떨어짐을 주의하라.
조상으로부터 물려받은 재물은 물위에 스치는 파도와 같도다.
처와 이별하고 조상 묘를 버리니 타향에서 방황하리라.

⑧생일-將星장성

생일에 장성이 드니 권세를 잡은 사람이로다.
형궁과 란궁에 덕이 있으니 영화가 날로 있으리라.
태을을 겸하여 두면 이름을 사방에 떨치리라.
천병을 통솔하고 행호시령하리라.
만일 영귀하지 않으면 도리어 하천인이 되리라.

⑨생일-攀鞍반안

생일에 반안이 드니 영귀할 상이로다.
만약 공명이 없으면 형제에 경사가 있으리라.
어렵게 재물을 얻으나 타인에게 베푸는 사람이리라.
천을귀인이 사주에 들면 소년에 녹을 먹으리라. ※(天乙貴人천을귀인 참조)
본처가 시기하여 반드시 첩을 바꿔보리라.

⑩생일-驛馬역마

생일에 역마가 드니 이름 구하기가 크게 이롭도다.
만일 관직에 오르지 못하면 강산을 편답하리라.
말을 동으로 달리고 서로 모니 장사로써 재물을 모으리라.
처궁에 풍파가 많으니 금슬이 온전하지 못하리라.

⑪생일-六害육해

생일에 육해가 드니 중(스님)의 팔자로다.
남으로 인하여 피해를 입으니 간간이 손재수가 있도다.
몸은 동서에 분주하고 육친의 덕이 없구나.
만일 喪妻상처가 아니면 반드시 생이별하리라.
고신살을 겸하지 마라. 걸식이 두렵도다. ※(孤辰殺고신살 참조)

생일에 화개가 드니 총명한 상이로다.

만일 관록이 아니면 장사로써 업을 삼으리라.

본처가 시기가 많으니 혹여 첩을 둘까 근심이라.

만약 浴욕을 겸하면 喪夫상부 喪妻상처 하리라. ※(12운성포태법 참조)

사주에 두 번 화개를 만나면 이름이 패색하리라.

(4) '生時생시'의 십이살 풀이-말년(60세 이후)

①생시-劫殺겁살

부부궁과 자식궁이 가시밭길과 같은 액이 있으니 칠성전에 기도하라.

재성이 깨져있으니 빈곤함이 두렵도다.

조업이 흩어져 실패하니 일신이 의지할 곳이 없구나.

만일 생월이나 생일에서도 겁살을 거푸 만나면 길 위에서 방황하리라.

만일 사주 생시 겁살에 관성을 놓아 겁살 오행과 관성 오행이 서로 상생한다면

어사로서 이름이 남으리라.

②생시-災殺재살

생시에 재살이 드니 일신이 고단하도다.

하는 일에 재난과 화가 많으니 자손과 노비가 흩어져 망하도다.

몸에 재앙이 많으니 반드시 상처의 흔적이 남으리라.

생년 천간을 기준하여 한해 한해의 지지(행년)가 재살에 해당하고

胎태에 해당 하면 가히 공명을 기약하리라. ※(행년 12운성포태법 표 참고)

그러나 비록 공명이라 하나 재물은 얻기 힘드니라.

③생시-天殺천살

생시에 천살이 드니 부친과는 일찍 이별을 하는 구나.

자손궁이 불리하니 후사를 이을 자손이 드물구나.

가신이 발동하니 질병이 일신을 떠나지 못하는 구나.

일평생 꺼리는 바는 높은 곳에서 떨어짐을 근심하여야 하도다.

타인을 기르고 낳으니 학문에 독실한 대인이로다.

④생시-地殺지살

생시에 지살이 드니 재물에는 근심이 없도다. 농업과 공업을 겸비하니 의식은

풍족하도다. 남으로 인하여 일이 성사되니 가는 곳마다 길하도다.

사주에 원진살이 있는 것을 제일 두려워하니 오십을 넘기기 어렵구나.

만일 사주내에 년살을 만나면 눈병을 조심하여야 하리라.※(元嗔殺 원진살 참고)

⑤생시−年殺년살

생시에 년살이 드니 먹을 것은 적고 할 일은 많도다.
만약 년살을 거푸 띄면 주점을 하며 생활하리라.
효도를 자식궁에서 보니 고향을 떠날 팔자로다.
농사를 지어 부자가 되니 대길한 운이로다.
귀인은 고위에 오르고 소인은 밭을 가는구나.

⑥생시−月殺월살

생시에 월살이 드니 허망함을 가까이하면 성패가 간간히 있도다.
열아홉, 이십 삼세에 대액이 당두하리라.
몸이 산문에 의지하니 반드시 조실운을 만나리라.
관재구설은 부모를 삼가라.
곤고함을 이기지 못하여 무후 봉사하도다.

⑦생시−亡身殺망신살

생시에 망신이 드니 일신이 의지할 곳이 없도다.
자식궁이 불리하니 북두성에 정성을 드리라.
가산이 탕진될 수이니 횡액을 삼가라.
처자를 떠나고 부모를 버리니 타향에서 유락하리라.
양인살과 같이 만나게 되면 귀향을 가보리라. ※(羊刃殺양인살 참고)

⑧생시−將星장성

생시에 장성이 드니 조정에 문무조관이로다.
소년등과하고 장수함을 가히 알리라.
호방과 안탑에 손에 병권을 잡으리라.
장성에 길성이 임하면 자식에게 영화가 있도다.
가정생활에는 막힘이 없을 것이로다.

⑨생시-攀鞍반안

생시에 반안이 드니 부호의 상이로다.
태을이 조림하면 자식에게 경사가 있으리라.
만일 역마와 화개를 겸하면 문장으로써 부귀를 누리리라.
사십, 오십 사이에는 대액을 한 번 당하리라.
반안이 胎태를 만나면 길하고, 衰쇠를 보면 이롭지 못하리라. ※ (12운성포태법 참조)

⑩생시-驛馬역마

생시에 역마가 드니 분주한 상이로다.
남으로 가고 북으로 떠도니 조년은 풍파가 많으리라.
만약 행상을 하지 않으면 가게나 여관 골목에 몸을 의탁하리라.
역마를 여러 번 만나면 남자는 이 여자 저 여자를 탐하고 여자는 음란하리라.
祿록과 帶대가 관을 생하면 높은 벼슬에 오르리라. ※(12운성포태법 참조)

⑪생시-六害육해

생시에 육해가 드니 식복은 적고 일복은 많도다.
이른 난초가 향기가 없고 매화가 눈을 만난 격이로다.
하는 일마다 막힘이 많으니 일신을 산중에 의지하도다.
성패가 다단하여 가산이 여러번 뒤바뀌도다.
일신이 천리에 떠도니 마침내 형제가 멀어지도다.

⑫생시-華蓋화개

생시에 화개가 드니 문필의 상이로다.
몸이 반드시 귀함을 얻으니 자식궁에 빛이 있도다.
역마가 함께하면 부호(부자)가 무쌍하도다.
화개와 겸하여 羊刃殺양인살을 두면 총명한 공직자로다. ※(羊刃殺양인살 참고)
불전에 헌성하라. 그리하면 반드시 귀자를 얻으리라.

제2장
平生運 평생운

1. 초년(0세~30세) –
자신의 띠와 연결된 星성을 찾는다.

쥐띠-**貴星**귀성

생년에 귀성이 드니 초년에 영화롭도다.

이성이 없음을 한탄하지 말라. 그렇지 아니하면 병이 많을 수로다.

총명하고 지혜가 많으니 한 번 들으면 천 가지나 깨닫는구나.

도처에 뜻을 얻으니 이름을 사방에 떨치도다.

먼저는 곤고하고 뒤에는 평안하니 만년에 태평하리라.

소띠-**厄星**액성

생년에 액성이 드니 초년은 액이 많도다.

조업은 지키지 못하고 도처에 손재수로다.

옛터는 이롭지 못하여 고향을 떠날 팔자로다.

마음속에 숨은 근심은 주야로 떠나지 못하도다.

만약 액화가 없으면 질병이 따르고 조실부모하리라.

호랑이띠-權星 권성

생년에 권성이 드니 소년에 분주하리라.

그렇지 않으면 두 어머니를 섬기게 되니 양자로 갈 팔자로다.

권리가 사방에 있으니 가히 천명이나 사귀도다.

그 실상은 많지 아니하나 돈 쓰기가 물과 같도다.

천성이 청활하여 사람이 스스로 좇는 것이 있도다.

토끼띠-敗星 패성

생년에 패성이 드니 초년은 성패가 다단하리라.

하는 일은 머리만 있고 꼬리는 없도다.

만약 신병이 없으면 사방으로 다니리라.

평생에 마음먹은 한은 심중에서 떠나지 아니하는구나.

만일 손재수가 아니면 질병이 가히 두렵도다.

용띠-干星 간성

생년에 간성이 드니 꾀 많은 사람이로다.

복록이 사방에 있으니 도처에 춘풍이로다.

공문에 출입하여 우연히 재물을 얻으리라.

십 사 오세에는 음양이 배합하도다.

타인을 따르기 좋아 하니 하는 일이 교묘하다.

뱀띠-文星 문성

생년에 문성이 드니 이름을 원근에 내보이도다.

일찍 학문을 하지 않으면 몸이 어찌 슬프지 아니한가.

용모가 단정하니 가히 성명을 기록하도다.

만일 학문을 하지 않으면 노심노력하리라.

처궁에 살이 있으니 이른 결혼은 불리하리라.

말띠-福星복성

생년에 복성이 드니 초년에 부귀하리라.
남이 도움을 주니 매사가 뜻과 같도다.
십 칠 팔세에는 장가갈 수로다.
이십 칠 팔세에는 소복을 입을 수로다.
사주에 복성을 거푸 만나면 도리어 일신에 이롭지 못하리라.

양띠-驛星역성

생년에 역성이 드니 초년에 분주하도다.
도처에 권세가 있으니 이름이 사방에 떨치리라.
옛터는 이롭지 아니하니 고향을 떠날 팔자로다.
심중에 괴로움이 있으니 세상일이 뜬구름 같도다.
주류하여 분주하니 복록이 사방에 있으리라.

원숭이띠-孤星고성

생년에 고성이 드니 형제가 분리되도다.
만일 어려서 액이 없으면 친척을 대하기 어렵겠구나.
영화로움 가운데 괴로움이 있으니 이사하면 태평하리라.
풍상의 액을 어떤 사람이 꺾을 수 있을꼬.
만일 신액이 없으면 조실부모하리라.

닭띠-害星해성

생년에 해성이 드니 절친한 사람에게 피해가 있도다.
만일 신병이 없으면 산중에 들어가 중(스님)이 되리라.
또 조화가 있으니 물건을 만드는 공장을 해 보리라.
평생에 숨은 근심을 곁의 사람이 어찌 알아주리오.
어려서 질병이 없으면 수족에 흠이 있으리라.

개띠-才星재성

생년에 재성이 드니 자수성가할 팔자로다.

위인이 조밀하여 성정이 부드럽고 강함을 겸비하도다.

손재주가 교묘하고 마음이 어지니 매양 친구를 좋아하도다.

미년과 신년에 횡액이 가히 두렵도다.

순리에 따르면 춘풍이요, 거스르면 가을 서리를 맞으리라.

돼지띠-壽星수성

생년에 수성이 있으니 백년이 고단하도다.

만일 독신으로 지내지 않으면 풍상이 많으리라.

마음이 정직하니 일생이 청한하리라.

열 사람이 밭을 갈아 한 사람을 먹이는 형국이로다.

만약 사주에 패성과 액성을 함께 만나면 도리어 천한 팔자로다.

2. 장년운(31세~40세)

제1장의 '십이살 기본도표'에서 참고하여, 하나하나 찾아간다.

■ 예시. 1

▶ 음력 1982년 7월 7일 오후 4시생(신시)

찾는 곳 ↓	생년 (조상)	생월 (부모형제)	생일 (부부)	생시 (자손)
1982년(壬戌임술년) 음력 7월 7일 申신시 생 천간 "壬"의 예				
십이살 기본 도표	戌술	辰진	戌술	午오
12星성	才星재성	干星간성	才星재성	福星복성

※ 자신의 위 표에서 생월과 연결된 星성을 찾는다.

月월-貴星귀성

생월에 귀성이 드니 사십 후면 영화하리라.
배우자 궁을 한탄하지 말라.
그렇지 아니하면 병이 있을 수로다.
조업은 지키지 못할 것이니 자수성가할 팔자로다.
사십 이 삼세에는 천금을 희롱하리라.
여색을 가까이하면 손재수가 있으리라.

月월-厄星액성

생월에 액성이 드니 삼십 전에 害해를 보게 되리라.
천지에 정이 적으니 자수성가 하리라.
만일 신병이 없으면 처궁에 액이 있으리라.
일월이 밝지 못하니 평지에서 낙상을 하리라.
동으로 가던지 서로 가던지 하여도 풍상이 중중하리라.

月월-權星권성

생월에 권성이 드니 권리가 처처에 많도다.
만일 흥하고 패함이 없으면 일신이 몸이 스스로 편안치 못하리라.
뭇 사람들이 우러러 보니 도처에 봄바람이로다.
많은 사람들을 사귀니 모든 벗이 서로 돕는구나.
비록 육친이 있으나 도리어 남만 못하도다.

月월-敗星패성

생월에 패성이 드니 형제가 의탁할 곳이 없도다.
나이 들어 비록 살기는 살았으나 쓸쓸하기 그지 없도다.
성정이 청활하니 타인이 해치지 못하도다.
먼저 패하고 뒤에 이루니 일신에 일이 분주하도다.
산을 넘고 물을 건너니 중중한 풍상이로다.

月월-干星간성

생월에 간성이 드니 중년에 액이 많도다.
만일 관액이 없으면 친궁에 근심이 있도다.
성정은 급하기가 불같으나 풀리기는 봄 눈 녹듯하도다.
지혜가 많고 총명하니 능히 크고 작음을 조율하리라.
일찍 학문을 하지 않으면 몸이 어찌 슬프지 아니한가.

月월-文星문성

생월에 문성이 드니 사십 후에는 영화로다.
만일 영화가 없으면 배우자로 인하여 눈물을 흘리리라.
비록 세업은 없으나 자수성가하리라.
만일 문학이 아니면 사람이 모두 우러러 보리라.
권리가 도처에 있으니 의식이 스스로 족하도다.

月월-福星복성

생월에 복성이 드니 곳곳이 곡식창고로다.
처궁을 한탄하지 말라. 그렇지 않으면 병이 많도다.
중년의 운세는 만사 뜻하는 바를 이루리라.
통하지 아니함을 한탄하지 마라. 나루를 건너 배를 타리라.
관문에 출입하니 귀한 사람이 틀림 없도다.

月월-驛星역성

생월에 역성이 드니 헛되이 세상을 지내리라.
조업을 탕진하고 망망대해에 부평초로다.
여러 번 곤액을 보니 곤액을 다 겪은 이후는 몸이 편안 하리라.
한 번 영화를 보니 반드시 재물과 복록이 따르리라.
만일 영화롭지 못하면 관액을 조심하라.

月월-孤星고성

생월에 고성이 드니 형제가 분리되도다.
산을 넘고 물을 건너 풍상이 중중하리라.
평생 하는 바 업은, 헛것으로 재물을 만드리라.
육친이 무덕하니 일신이 고단 하도다.
몸이 부평 같으니 사해로 집을 삼도다.

月월-害星해성

생월에 해성이 드니 소년에 패가 하리라.
수족에 흠이 없으면 여러 차례 중병이 있을 수로다.
배우자궁을 한탄하지 마라. 본디 안은 비고 밖은 실한 팔자로다.
성정이 급하기가 불같으나 풀리기는 봄눈과 같도다.
평생에 범사는 머리는 있고 꼬리는 없도다.

月월-才星재성

생월에 재성이 드니 일찍이 인심을 얻으리라.
중심이 강안하니 산수를 벗삼아 스스로 즐거우리라.
마음에 합함이 있으니 이름이 불리는 운수로다.
손재주가 출중하니 일로써 이름을 얻으리라.
기술, 예술인으로 평생을 편안히 지내리라.

月월-壽星수성

생월에 수성이 드니 동서에 분주 하리라.
일신이 고단한 운수이니 이 일을 어찌할꼬.
이 십 후에는 운이 열리고 삼 십 후에는 운이 막히도다.
한 하늘에 두 땅이니 반드시 서모를 섬기리라.
만일 두 어머니가 아니면 무후 봉사하리라.

3. 중년운(41세~60세)

제1장의 '십이살 기본도표'에서 참고하여, 하나하나 찾아간다.

■ 예시. 1

▶ 음력 1982년 7월 7일 오후 4시생(신시)

1982년(壬戌임술년) 음력 7월 7일 申신시 생
천간 "壬" 의 예

찾는 곳 ↓	생년 (조상)	생월 (부모형제)	생일 (부부)	생시 (자손)
십이살 기본 도표	戌술	辰진	戌술	午오
12星성	才星재성	干星간성	才星재성	福星복성

※ 자신의 위 표에서 생일과 연결된 星성을 찾는다.

日일-貴星귀성

생일에 귀성이 드니 천금이 다시 들어오도다.
배우자궁을 한탄하지 마라. 사 십 후에는 영화로다.
반드시 고집이 있으니 마음은 곧고 입은 바르도다.
백록이 겸존하니 사람들이 우러르리라.
상업에 종사하면 큰 장사로 이름을 날리리라.

日일-厄星액성

생일에 액성이 드니 중년에 병을 앓으리라.
만일 병이 아니면 관액을 조심하라.
몸을 관공서에 의탁하니 기쁜일이 중중하도다.
밝은 구슬이 바다에 잠기니 한이 되도다.
만일 처를 잃지 않으면 자식을 극함이 두렵도다.

日일-權星권성

생일에 권성이 드니 곳곳에 권리가 많도다.

평생의 일은 권세를 쓰는 일이리라.

사십 일 이세에는 장차 기쁜 일이 있으리라.

강산이 서로 막혔으니 형제가 서로 떠나도다.

여간 재물을 혹은 이루고 혹은 패하리라.

日일-敗星패성

생일에 패성이 드니 곤궁함을 가히 짐작하리라.

조업은 어찌 패한 것 인고, 스스로 이뤄 스스로 패한 것이리라.

사람을 살려 구제하나 범을 길러 우환을 만듦이라.

질병을 많이 걸려 보니 마음이 편할 날이 없도다.

평생 행사는 공덕 없는 선행이라.

日일-干星간성

생일에 간성이 드니 앉아서 평생을 꾀하도다.

비록 원행은 아니나 구름길을 기분 좋게 밟아 보도다.

태극이 임하여 비추니 천은이 망극하도다.

비록 감당하기 어려운 일이라도 꾀를 써서 당해내도다.

꾀씀이 기묘하니 비상한 사람이로다.

日일-文星문성

생일에 문성이 드니 슬하에 영화를 보리라.

부모근심을 한탄하지 마라. 평생운인 것을 어찌할꼬.

손으로 문권을 잡고 그로써 백성을 상고하리라.

만일 이 같지 아니하면 무리를 지어 결사하리라.

만일 등과하지 못하면 처궁에 이롭지 못하리라.

日일－福星복성

생일에 복성이 드니 일신이 영귀하도다.
과거를 한탄하지 마라. 창해에 배를 띄우리라.
성정이 청활하니 사람들이 모두 귀 기울일 것이라.
처처에 재물을 얻으니 모든 벗이 서로 돕는구나.
사 십 후에는 독수공방하리라.

日일－驛星역성

생일에 역성이 드니 상업에 크게 이로우리라.
만일 몸이 곤하지 않으면 육친이 무덕하리라.
화가 변하여 도리어 복이 되니 사람을 얻어 업을 이끌리라.
부부가 서로 이별하나 뒤에 반드시 서로 만나리라.
옛터는 이롭지 아니하니 간간히 고향을 떠나리라.

日일－孤星고성

생일에 고성이 드니 일가가 많아도 없는 것과 같도다.
누구와 더불어 의논할꼬. 봄 수풀에 외로운 새로다.
비록 내 것은 없어도 강산을 편답하니 가는 곳마다 재물이 바다와 같도다.
사십 후, 오십 운은 옛것을 지키고 자리를 편케하리라.
마침내 형제가 적으니 일신이 의지할 곳이 없도다.

日일－害星해성

생일에 해성이 드니 수족을 상해 보리라.
만일 이러한 액이 없으면 손재를 당하리라.
초년은 곤고하나 이후로는 태평하리라.
조상 터는 이롭지 아니하니 이향할 팔자로다.
남의 해를 입어 재산피해가 적지 않도다.

日일-才星재성

생일에 재성이 드니 사십 후에는 성가하리라.

아들 많음을 자랑하지 마라. 혹 중(스님)이 될까 의심스럽도다.

성정이 본디 교묘하니 재주가 출중하도다.

서리는 형궁에 떨어지고 가을은 난초 잎에 깊었도다.

늦게 비록 부자의 명이나 액을 봄을 어찌할꼬.

日일-壽星수성

생일에 수성이 드니 독수공방하리라.

천상에서 죄를 지어 인간으로 내려 왔구나.

정직하게 마음을 두면 하는 일이 공평하도다.

만일 공방수가 아니면 영혼이 청산을 날아다니리라.

묘하게 생일과 생시에 수성이 들면 수는 팔십에 이르리라.

4. 말년운 (61세~)

제1장의 '십이살 기본도표'에서 참고하여, 하나하나 찾아간다.

■ 예시. 1

▶ 음력 1982년 7월 7일 오후 4시생(신시)

	1982년(壬戌임술년) 음력 7월 7일 申신시 생 천간 "壬"의 예			
찾는 곳 ↓	생년 (조상)	생월 (부모형제)	생일 (부부)	생시 (자손)
십이살 기본 도표	戌술	辰진	戌술	午오
12星성	才星재성	干星간성	才星재성	福星복성

※자신의 위 표에서 생시와 연결된 星성을 찾는다.

時시-貴星귀성

생시에 귀성이 드니 늙어서 영화로다.
쥐가 창고에 든 격이니 의식이 자족하도다.
전후에 돈 곳간이요, 좌우에 노적이로다.
나이는 젊은 데 몸이 괴로운 것을 누가 알아 주리요.
운이 말년에 돌아오니 몸이 편하고 공명을 이루도다.

時시-厄星액성

생시에 액성이 드니 앞길이 구만리로다.
동서에 분주하니 눈 위에 서리를 더하도다.
타인이 접근하여 친 하자 하니 결국 해를 입는구나.
세상 할 일이 별로 없으니 좋은 것도 그림의 떡이로다.
길운이 어느 때인고 하니 말년에 운이 돌아오도다.

時시-權星권성

생시에 권성이 드니 장사로써 업을 삼으리라.

밖은 허하고 안은 실하나 간간히 시비꺼리가 있도다.

인생사 순하면 춘풍이요, 역하면 가을 서리로다.

몸이 어디로 가나 권리가 사방에 있도다.

일생의 고락은 말년이 대통하리라.

時시-敗星패성

생시에 패성이 드니 교역함을 얻기 어렵도다.

사십 후, 오십 운은 굶주린 범이 고기를 만난 격이로다.

늙어 옴에 부귀가 따르니 자손 또한 만당하도다.

차차 가세가 늘어나니 말년은 영화로다.

흰 머리를 쓸어 넘기니 풍상이 꿈같도다.

時시-干星간성

생시에 간성이 드니 남의 입에 오르내림이 많지 않도다.

중분을 한탄하지 마라. 한 번은 영화를 보리라.

먹구름이 하늘에 가득하니 일월이 밝지 못하도다.

꾀쓰임이 비상하니 입으로 재물을 만들리라.

만일 관록을 하지 않으면 상업하는 사람이라.

時시-文星문성

생시에 문성이 드니 무후 봉사하리라.

일생에 한 번은 불조심을 하여야 하리라.

만일 관록이 아니면 처궁에 근심이 있도다.

자식궁을 한탄하지 마라. 운이라 어찌 할 수 없도다.

평생에 두려운 바는 부모에 대한 근심이라.

時시-福星복성

생시에 복성이 드니 말년은 부귀하리라.

그 재복과 관록을 보면 천금횡재하는 팔자로다.

지나온 과거를 경험 삼으니 흰머리가 무색하도다.

말년에 영화로우니 자식에 귀함이 있도다.

위인이 준수하니 관록이 몸에 이롭구나.

時시-驛星역성

생시에 역성이 드니 상업에 이로우리라.

만일 몸에 병이 없으면 육친이 무덕하도다.

마음에 병이 깊으니 세상일이 뜬구름 같도다,

천하를 두루 다니니 장사로써 재물을 얻으리라.

이사 수가 들었으니 선산을 여러 번 옮기도다.

時시-孤星고성

생시에 고성이 드니 말년에는 고단하도다.

성패가 빈번하니 앞뒤가 수단이로다.

천희가 와서 비추니 어찌 도주를 부러워 하리요.

밤에는 북두에 절하고 아침에는 불전에 기도하도다.

고독은 면하기 어려우나 부자의 명은 가히 기약하리라.

時시-害星해성

생시에 해성이 드니 한 번은 구걸해 보리라.

말로써 사방으로 구하니 의식이 스스로 족하도다.

한 번 곤액이 있으니 운이라 어찌할꼬.

강산을 편답하여 천지로 집을 삼도다.

빈궁을 한탄하지 마라. 그렇지 아니하면 몸이 위태로우리라.

時시-才星재성

생시에 재성이 드니 흥하고 망함이 있으리라.

몸에 흠이 없으면 병이 머리에 있다.

몸을 공문에 의탁하니 재주로써 성공하도다.

심정이 평평하니 일생이 귀에 가깝도다.

동을 가리켜 서를 지으니 꾀가 변화무쌍하도다.

時시-壽星수성

생시에 수성이 드니 흰머리에 한가하리라.

의식이 풍족하니 만사가 뜻과 같도다.

늦어 오는 평생에 그 수가 팔십에 이르리라.

초년에 곤함을 한탄하지 마라. 후분은 태평하리라.

열 사람이 밭을 갈아 한 사람을 먹이는 형국이로다.

제3장
전생록

전생록이라 함은 전생으로부터 이생에 윤회할 때 성질의 강유와 골격의 귀천을 받음이니, 천상의 열 두 날 짐승과 짐승(天上十二禽천상십이금)으로 형상화하여 길흉화복을 대별해 보는 것이다.

먼저 자신의 띠를 보고 다음 자신의 음력 생월(숫자)을 찾아서 전생의 동물을 본다.

● 天上十二禽천상십이금

전생 띠	鳳凰 봉황	獅子 사자	金鷄 금계	老雉 노치	燕子 연자	鴻鵠 홍곡	白鹿 백록	孔雀 공작	赤鳩 적구	朱雀 주작	靑鶴 청학	鸚鵡 앵무
쥐띠	1	2	3	4	5	6	7	8	9	10	11	12
소띠	2	3	4	5	6	7	8	9	10	11	12	1
호랑이띠	3	4	5	6	7	8	9	10	11	12	1	2
토끼띠	4	5	6	7	8	9	10	11	12	1	2	3
용띠	5	6	7	8	9	10	11	12	1	2	3	4
뱀띠	6	7	8	9	10	11	12	1	2	3	4	5
말띠	7	8	9	10	11	12	1	2	3	4	5	6
양띠	8	9	10	11	12	1	2	3	4	5	6	7
원숭이띠	9	10	11	12	1	2	3	4	5	6	7	8
닭띠	10	11	12	1	2	3	4	5	6	7	8	9
개띠	11	12	1	2	3	4	5	6	7	8	9	10
돼지띠	12	1	2	3	4	5	6	7	8	9	10	11

■ 예시. 1

▶ 1964년 용띠 음력 8월생

띠 란에서 용띠를 찾은 후 8로 가서 전생을 찾으면 '老雉노치'가 된다.

전생 띠	鳳凰 봉황	獅子 사자	金鷄 금계	老雉 노치	燕子 연자	鴻鵠 홍곡	白鹿 백록	孔雀 공작	赤鳩 적구	朱雀 주작	靑鶴 청학	鸚鵡 앵무
쥐띠	1	2	3	4	5	6	7	8	9	10	11	12
소띠	2	3	4	5	6	7	8	9	10	11	12	1
호랑이띠	3	4	5	6	7	8	9	10	11	12	1	2
토끼띠	4	5	6	7	8	9	10	11	12	1	2	3
용띠	5	6	7	8	9	10	11	12	1	2	3	4
뱀띠	6	7	8	9	10	11	12	1	2	3	4	5
말띠	7	8	9	10	11	12	1	2	3	4	5	6
양띠	8	9	10	11	12	1	2	3	4	5	6	7
원숭이띠	9	10	11	12	1	2	3	4	5	6	7	8
닭띠	10	11	12	1	2	3	4	5	6	7	8	9
개띠	11	12	1	2	3	4	5	6	7	8	9	10
돼지띠	12	1	2	3	4	5	6	7	8	9	10	11

鳳凰 봉황

鼠變鳳凰서변봉황이라
쥐가 변하여 봉황이 되니 총명하고 정직하도다.
구름이 가고 비가 베푸니 만물이 발생하도다.
일을 꾀하여 이르는 곳에 귀인이 길을 알려주도다.
어둠을 등지고 밝음을 향하니 시비에 들지 아니하도다.
길성이 비쳐 밝으니 반드시 득남할 수로다.
말년운이 왕함을 만나니 재물길이 형통하리라.

獅子 사자

牛變獅子우변사자라

소가 변하여 사자로 변하니 반드시 위권이 있도다.

위엄이 뇌정과 같으니 조금도 굽히지 않도다.

고집스런 성질을 지키니 간간히 구설수가 따르도다.

형제궁에 덕이 없고, 한 번은 火厄화액을 보리라.

농사로 업을 하여 자수성가하리라.

앉아서 배우자를 맞으니 가지가지 결실이로다.

金鷄 금계

虎變金鷄호변금계라

범이 금계로 변하니 먼저는 곤란하고 후에는 길하리라.

한 번 부르면 백이 대답하니 도처에 복이 많도다.

처궁에 살이 범하였으니 한 번은 상처하리라.

육친에 덕이 없으나 간간히 횡재가 있으리라.

살아생전 꺼리는 바는 한 번은 火厄화액을 보리라.

사십이 이미 돌아오니 수많은 나무에 봄이 돌아오도다.

老雉 노치

兎變老雉토변노치라

토끼가 변하여 꾀 많은 늙은 꿩으로 변하니 총명하고 재주가 족하도다.

바람을 맞이하여 땅을 옮기니 범사가 뜻과 같도다.

만약 두 어머니가 아니면 무후 봉사하리라.

재주와 복록이 비록 많다하나 간간히 치패수가 많도다.

만일 몸에 흠이 없으면 한 번은 중병을 겪으리라.

오십이 이미 돌아오니 마른 나무에 꽃이 피는구나.

燕子 연자

龍變爲燕용변위연이라

용이 변하여 제비가 되니 널리 만인을 살리리라.

성정이 비록 급하나 타인을 좋아하고 잘 어울리도다.

재예가 출중하니 도처에서 귀인이라 칭하리라.

만일 중병이 아니면 수족에 흠이 있으리라.

형제궁에 덕이 없으니 일신이 고독하도다.

자식궁이 길하지 못하니 북두성에 헌신하라.

鴻鵠 홍곡

蛇變鴻鵠사변홍곡이라

뱀이 변하여 기러기가 되니 먹을 것은 적고 바쁘기만 하도다.

성질을 비록 급하나 타인을 혐오하지는 않도다.

만일 관록이 아니면 허송세월을 하리라.

처궁에 살이 범하니 喪妻상처를 면치 못하리라.

옛 땅은 이롭지 못하니 고향을 떠나면 길하리라.

풍상을   은 세월 덕으로 후일에 반드시 발복하리라.

白鹿 백록

馬變爲鹿마변위록이라

말이 변하여 사슴이 되니 동서에 분주하도다.

도처에 벗이 많으니 삶이 변화무궁하도다.

이른 아들은 기르기 어려우니 칠성전에 헌공하라.

이러한 가운데 무후봉사하리라.

살아생전 꺼리는 바는 물과 불을 조심하라.

자수성가하니 식록이 유여하도다.

孔雀 공작

羊變孔雀양변공작이라

양이 변하여 공작이 되니 마음이 착하고 덕을 닦도다.

조업은 어디로 가고 자수성가하리라.

처궁에 살이 범하니 喪妻상처를 면치 못하리라.

옛 터는 이롭지 못하니 바람을 맞이하여 타향으로 옮기리라.

귀인의 도움이 있으니 식록에 스스로 기쁘도다.

오십운이 돌아오니 사방에 길운이로다.

赤鳩 적구

猿化爲鳩원화위구라

원숭이가 화하여 비둘기가 되니 마음이 곧은 상이로다.

천지에 덕이 없으니 자수성가하리라.

옛 터는 이롭지 아니하고 이향하면 길하리라.

평생에 꺼리는 바는 화재를 조심하라.

남으로 가든 북으로 가든 먹을 것은 적고 일만 번거롭구나.

초년은 곤궁함이 많고 후분은 태평하리라.

朱雀 주작

雞變朱雀계변주작이라

닭이 변하여 주작이 되니 일신에 번거로운 일이 많도다.

밖에 나가면 시기가 많으니 간간히 구설이 있도다.

육친이 무덕하니 타향으로 가리라.

농사로 업을 삼아 재산을 보전하리라.

살아생전 꺼리는 바는 물과 불을 조심하라.

사십 오 육세가 되면 귀인이 와서 돕도다.

靑鶴 청학

狗變爲鶴구변위학이라

개가 변하여 학이 되니 일신이 스스로 한가하도다.

작은 업을 하여도 재복이 넉넉히 따르도다.

동으로 가든 서로 가든 잠시 풍상이 따르는구나.

타향으로 이주하면 반드시 쾌락이 있을 것이라.

자식덕이 있으니 넉넉히 놀고 세상을 마치리라.

운이 오십에 돌아오니 골짜기에 봄이 돌아오는구나.

鸚鵡 앵무

猪變鸚鵡저변앵무라

돼지가 변하여 앵무가 되니 성정이 곧고 청백하도다.

그름이 건곤에 되 봉우리를 겸하니 높은 재주가 있도다.

재물과 복록이 유여하니 다시는 풍파가 없도다.

재물이 왕성하여 관록을 생하니 반드시 관록이 있도다.

재물과 복록이 함께 아름다우니 만년에 복록을 편안히 누리리라.

말이 순하고 행실이 도타우니 만사가 뜻을 얻도다.

제2편
吉凶論길흉론

제1장
凶禍論흉화론

凶禍흉화라 함은 災厄재액이니 사람의 일생에 길흉화복을 사람의 힘으로 이기기 위함이 아니요, 하늘이 내려준 숙명이거니와 하늘이 정하여준 轉禍爲福전화위복(화를 복으로 바꿈)하는 이치도 있는 것이다.

다음 표에 해당하는 것이 없는 사람은 재액이 없다고 보면 된다.

태어난 해의 천간과 음력 생월(숫자)을 보고 災厄재액(=殺살)을 찾으면 된다.

재액 \ 천간	孤辰 고신	寡宿 과숙	大敗 대패	赤狼 적랑	八敗 팔패	天狼 천랑	小狼 소랑	破家 파가	三刑 삼형	六合 육합	大耗 대모	四關 사관
갑甲	1	4	9	5	6	9	5	1	2	8	10	1
을乙	4	10	12	11	12	12	3	6	8	5	10	3
병丙	4	4	12	12	6	9	7	6	7	7	9	4
정丁	7	4	12	5	6	12	7	2	10	10	8	5
무戊	7	10	3	5	3	6	5	2	9	9	10	6
기己	10	1	3	11	9	11	12	6	12	12	6	7
경庚	10	7	3	2	9	6	1	5	11	10	4	8
신辛	10	7	6	8	3	6	8	10	3	3	4	9
임壬	1	1	6	2	3	6	6	1	1	2	3	10
계癸	10	1	9	2	6	6	10	11	5	6	5	11

■ 예시. 1

▶ 1982년(壬戌임술년) 음력 7월생

이라고 하면 재액에 해당이 없다.

■ 예시. 2

▶ 1982년(壬戌임술년) 음력 6월생

이라고 하면 재액이 '대패, 천랑, 소랑'이 해당 된다.

재액 천간	孤辰 고신	寡宿 과숙	大敗 대패	赤狼 적랑	八敗 팔패	天狼 천랑	小狼 소랑	破家 파가	三刑 삼형	六合 육합	大耗 대모	四關 사관
갑甲	1	4	9	5	6	9	5	1	2	8	10	1
을乙	4	10	12	11	12	12	3	6	8	5	10	3
병丙	4	4	12	6	9	7	7	6	7	7	9	4
정丁	7	4	12	5	6	12	7	2	10	10	8	5
무戊	7	10	3	5	3	6	5	2	9	9	10	6
기己	10	1	3	11	9	11	12	6	12	12	6	7
경庚	10	7	2	9	6	6	1	5	11	10	4	8
신辛	10	7	6	8	3	3	8	10	3	3	3	9
임壬	1	1	6	2	3	6	6	1	1	2	3	10
계癸	10	1	9	2	6	6	10	11	5	6	5	11

孤辰 고신

사주에 고신살이 범하니 고단한 상이로다.

동으로 달아나고 서로 달아나니 타향의 객이로다.

남자면 喪妻상처할 수요, 여자면 喪夫상부할 수로다.

喪敗상패가 빈번하니 고향을 떠나면 길하다.

홀로 근심한 세월이 흘러흘러 옛 매화에 봄이 돌아오도다.

寡宿 과숙

청전조업은 표탕하여 뜬구름과 같도다.

넓은 천지에 일신이 의지할 곳이 없구나.

한 평생 한이 되는 바는 고독하여 의지할 데가 없도다.

재액이 과숙에 있으니 독수공방하리라.

중년에 당한 한은 맨손으로 성공하리라.

大敗 대패

火厄화액과 喪敗상패와 재앙이 빈번하도다.

동분서주하나 먹을 것은 적고 일은 많도다.

사방에 복록이 있으니 일생을 편히 지내리라.

대패한 가운데 術業술업으로 명을 이어가리라.

곤궁한 끝에 실패수가 어찌 많을꼬.

※術業술업-철학원, 무속계, 점술업 등

赤狼 적랑

옛 터를 지키지 마라. 재물 패함이 빈번하리라.

천리 관산에 홀로 스스로 산을 넘는구나.

남자는 지고 여자는 이고 타향으로 옮아 다니리라.

손으로 재물을 탕진하니 주색과 노름을 가까이마라.

적랑은 근본이 흉하니 액을 빌어 살을 제거하라.

八敗 팔패

소년시절에 성패는 어찌된 것인고.
옛 터가 이롭지 못하니 고향을 떠날 팔자로다.
초년의 범사는 머리는 있고 꼬리는 없도다.
먼 길 타향에 병고가 두렵도다.
만일 그렇지 아니하면 낭패를 보리라.

天狼 천랑

바람에 놀라고 범에 놀라니 눈앞에 떨어지는 액이로다.
만일 그렇지 않으면 관액을 주의하라.
만일 고생을 하지 않으면 질병이 태심하리라.
깊은 산을 가지마라. 虎厄호액이 가히 두렵도다.
천랑 악살을 삼가고 삼가라.

小狼 소랑

남자면 喪妻상처하고 여자면 喪夫상부하리라.
죽음이 슬하에 있으니 눈물이 끊이지 않도다.
기러기가 차례를 잃고 원앙이 나는 길을 나누도다.
산업이 스스로 성기니 지손이 곤패하리라.
조업은 연기 같으니 상패가 빈번하도다.

破家 파가

청전세업은 흩어지는 뜬구름 같도다.
옛 터는 이롭지 못하니 고향을 떠나면 이로우리라.
동에서 먹고 서에서 자니 일신이 분분하도다.
몸이 부평초 같으니 어떤 사람이 나를 알꼬.
술파는 사람이요, 곳곳에서 살아 보리라.

三刑 삼형

사주에 삼형이 임하니 옥살이를 면하기 어렵도다.
모래밭길에서의 걸음은 일시적 곤액이로다.
만약 그렇지 아니하면 喪妻상처하고 剋子극자 하리라.
손발에 흠이 없으면 가히 이 수를 면하리라.
비록 액은 많으나 의식이 평평하도다.

六合 육합

부부지간에 백년을 해로하도다.
육합이 왕한 즉 풍족한 것이니 쇠함을 어찌 가히 말하리요.
만일 형과 충이 임하면 손재가 빈번하도다.
천을귀인이 가장 좋으니 부귀의 격이로다.
말년의 낙은 이에 쌓고 이에 곳간을 이루도다.

大耗 대모

긴긴 백사장 저문 날에 몸이 천리밖에 있도다.
가을이 오매 외로운 객이 마음 상하지 않는 이 없도다.
패가한 자식이요, 부모와 분리된 자식이로다.
그 처궁을 말한다면 생리사별의 팔자로다.
공을 쌓은 후에 만사가 뜻과 같으리라.

四關 사관

사주가 팔자에 드니 고독한 사람이로다.
沙門사문과 法陛법폐가 반드시 염라국이로다.
기도하여 액을 면하면 가히 이 수를 면하리라.
만일 산문 산문이 아니면 불전에 공을 드리라.
지성으로 이 같이 하면 만년이 한 아들을 얻으리라.

제2장
吉福論길복론

吉福길복이라 함은 나를 돕는 길성을 말하는 것이다. 길성이 많으면 흉살을 制化제화하게 되는 것이니 經경에 이르기를 '云神殺相絆운신살상반하면 輕重較量경중교량에 是也시야'라 하였던 것이다. 다시 말하여 길성과 흉성이 함께 어우러져 있으면 길성이 흉성을 단단히 붙들어 매어 꼼짝 못하게 한다는 것이다.

이렇듯 길성이 중요한 역할을 하는 것이요, 길성은 태어난 時시를 대조하여서 보니 사람은 時시를 잘 타고나야 한다는 말이 여기에서 생긴 듯하다.

길복성은 인생에 있어서 재물, 명예, 권세 등을 주관하는 길성이다. 길복성은 많을수록 좋은 것이다.

만세력으로 태어난 해의 천간과 '음력 생시의 천간'를 보고 吉福星길복성을 찾으면 된다. 만약 吉福星길복성 표에 해당하는 것이 없는 사람은 길성이 없다고 보면 된다.

태어난 時시는 '시 조견표'를 참고하면 된다.

● 吉福星길복성 표

길성＼천간	福官 복관	貴藝 귀예	旺極 왕극	合乙 합을	食增 식증	印門 인문	巨夫 거부	武庫 무고	山河 산하	官印 관인	施橫 시횡	庫財 고재
갑甲	유	진	자	자	자	자	축	사	사	癸계	癸계	戊무
을乙	신	사	오	해	해	해	인	축	축	壬임	壬임	己기
병丙	을	미	유	묘	묘	묘	진	사	사	乙을	乙을	庚경
정丁	해	신	묘	인	인	인	사	미	미	甲갑	甲갑	辛신
무戊	묘	미	사	오	오	오	진	사	사	丁정	丁정	壬임
기己	인	신	오	사	사	사	사	미	미	丙병	丙병	癸계
경庚	인	술	인	오	오	오	미	해	해	己기	己기	甲갑
신辛	오	해	해	사	사	사	신	축	축	戊무	戊무	乙을
임壬	사	축	사	유	유	유	술	해	해	辛신	辛신	丙병
계癸	오	인	신	甲갑	甲갑	甲갑	해	자	자	庚경	庚경	丁정

● 時시 조견표

태어난 시간	12지간十二支干
오후11~오전1시까지	자시
오전1시~오전3시까지	축시
오전3시~오전5시까지	인시
오전5시~오전7시까지	묘시
오전7시~오전9시까지	진시
오전9시~오전11시까지	사시
오전11시~오후1시까지	오시
오후1시~오후3시까지	미시
오후3시~오후5시까지	신시
오후5시~오후7시까지	유시
오후7시~오후9시까지	술시
오후9시~오후11시까지	해시

▶ 1982년(壬戌임술년) 음력 6월 12일 酉유시생 사주

시 일 월 년
정 병 정 임
유 진 미 술

길성\천간	福官 복관	貴藝 귀예	旺極 왕극	合乙 합을	食增 식증	印門 인문	巨夫 거부	武庫 무고	山河 산하	官印 관인	施橫 시횡	庫財 고재
갑甲	유	진	자	자	자	자	축	사	사	癸계	癸계	戊무
을乙	신	사	오	해	해	해	인	축	축	壬임	壬임	己기
병丙	을	미	유	묘	묘	묘	진	사	사	乙을	乙을	庚경
정丁	해	신	묘	인	인	인	사	미	미	甲갑	甲갑	辛신
무戊	묘	미	사	오	오	오	진	사	사	丁정	丁정	壬임
기己	인	신	오	사	사	사	사	미	미	병병	병병	계
경庚	인	술	인	오	오	오	미	해	해	己기	己기	甲갑
신辛	오	해	해	사	사	사	신	축	축	戊무	戊무	乙을
임壬	사	축	사	유	유	유	술	해	해	辛신	辛신	丙병
계癸	오	인	신	甲갑	甲갑	甲갑	해	자	자	庚경	庚경	丁정

[해설]

태어난 해의 천간 壬임을 중심으로 보아 길복의 길복성은 사주의 時시가 酉유가 되니 丁酉時정유시가 되어 合乙합을, 食增식증, 印門인문이 되는 것이다. 흉성과 함께 있으면 많이 쓰고 많을 버는 사주라 하겠다.

만일, 丙申時병신시라면 庫財고재가 되는 것이다. 사주의 時시만 가지고 간단하게 보게 되면 다음과 같은 결과가 나온다.

■ 예시. 2

만약 1958년 戊戌年무술년에 태어나 卯時묘시가 된다면, 사주를 모르면 福官복관에 해당하는 것만 알 수 있고, 사주에서 시를 정확히 알아보니 丁卯時정묘시가 되었다면 福官복관, 官印관인, 施橫시횡이 되는 것이다.

그러므로 사주를 알아야 모두 찾아낼 수 있는 것이다.

福官 복관

사주가 복관에 임하니 부호의 명이로다.

초년 중년은 평길하고 말년에 대부가 되리라.

동서남북에 복록이 있으니 도처에 재물이 발하리라.

노적 곳간이 산 같으니 어찌 금곡을 부러워 하리요.

장수하고 건강하니 오복이 구전하도다.

貴藝 귀예

주유천하하니 방랑의 선비로다.

횡재수가 있으니 천금이 스스로 오도다.

다른 사람의 재물이 어떤 것 인고 하니 필시 처갓집 재물이로다.

만일 처갓집 재물이 아니면 양자 간 집 재물이로다.

이 사람의 일은 일생 분주하리라.

旺極 왕극

귀록이 佩印패인하니 부귀는 두 말할 필요없구나.

한가로이 기와집에 앉아서 일생 태평하도다.

그러나 구설수는 간간히 있을 것이라.

천희가 와서 비추니 陶朱도주를 어찌 부러워 하리요.

재물이 왕성하고 몸 또한 왕성하니 자손이 만당하도다.

※陶朱도주-越월나라의 宰相재상 范蠡범여를 달리 이르는 말.

벼슬은 그만두고 陶도의 땅에서 살아 朱公주공이라 일컬은 데서 온 말임

合乙 합을

二德이덕을 을에 합하니 귀한 객의 상이로다.
장안대도에 日傘일산이 앞에 떴도다.
삼기국전 정병을이 합하였도다.
일생이 영화로우니 이름이 죽백에 드리리라.
평생에 즐거운 바는 청운의 객이로다.

食增 식증

높다란 누각 가운데 부부가 같이 앉았도다.
운이 식증에 있으니 평생토록 가난하지 않으리라.
말년의 운은 노적 곳간이 한 봉우리라.
이름이 사방에 퍼지니 만인이 우러러 보리라.
열 사람이 밭을 갈아 한 사람이 먹는 격이로다.

印門 인문

홀로 고상하고 품위 있게 앉아 있으니 만인이 우러러 보리라.
경국제세함으로 만인만물을 어루만지도다.
만일 고관이 아니면 도리어 재앙이 되리라.
양후부모가 대대로 이어지리라.
이 사람의 일은 처로 인하여 패가하리라.

巨夫 거부

음양이 서로 화하여 부부백년해로 하리라.

그 재물이 어떤 고 하니, 노적 곳간이 두 봉우리라.

부귀 영달함이 인간에게는 제일이라.

장안대도에 말을 홍진에 달리리라.

남아가 뜻을 얻음이 언행을 바르게 할 때이니라.

武庫 무고

몸에 장수인을 하니 백만이 나의 군사로다.

손으로 병권을 잡으니 군대를 호령하리라.

눈앞의 수많은 깃발은 무수한 군사로다.

초년은 어렵고 고생스러우나 말년은 복을 누리라.

만일 그렇지 아니하면 도리어 빈천하리라.

山河 산하

산하가 사주에 있으니 만인이 우러러 보리라.

몸에 佩印패인을 가지니 위엄이 뇌정 같도다.

한 소리 호령에 굳센 무리를 진압하도다.

말 머리에 금테를 두르니 어찌 백성을 위로하는 사람이 아니리요.

위엄이 높고 권세가 높으니 나라를 다스리고 백성을 편안케 하리라.

官印 관인

몸에 관인을 띠니 佩印패인하는 영화로다.
대운이 어느 때인고 하니 말년의 수로다.
몸에 비단 옷을 입으니 동자가 모시고 섰도다.
운은 丙丁병정년에 있고, 액은 甲乙갑을년에 있도다.
길한 가운데 흉함이 있으니 횡액을 주의하라.
※佩印패인-도장을 허리에 찬다는 말인데, 벼슬을 한다는 말이다
※횡액-길을 가다가 뜻 밖에 당하는 사고 등을 말함

施橫 시횡

사주에 시횡이 드니 횡재할 수로다.
어두운 가운데 귀록이 드니 부를 이루는 격이로다.
주란화각에 부부백년해로로다.
말년의 운은 몸이 금곡에 들도다.
앞에는 다섯 노적 곳간이 있고, 뒤에는 세 곳간이 있도다.

庫財 고재

몸이 고재에 임하니 부명을 가히 기약하리라.
귀록이 무쌍하니 밖의 재물이 도량을 이루도다.
그 부부를 의논해 보면 화락 백년이로다.
전후 노적은 큰 곳간에 싱싱한 고기가 썩어나갈 정도로다.
간간히 구설이 있으니 무리들의 원망을 들을 것이로다.

손에 잡히는 내사주 내팔자

제3장
職業직업

하늘이 만민을 생하시매 반드시 직업을 부여하나니, 혹여 하늘에서 주어진 직업을 하지 않으면 이롭지 못한 것이다. 본 직업을 알아 본 뒤에 '음양오행 생극제화의 묘리'로 잘 살펴서 순서를 정하여야 한다. 띠와 생월이 형이나 충이 들면 온전한 직업을 가지기 힘들다. 운이 나쁠 경우도 자신에게 맞지 않는 직업을 갖게 된다. 선택된 직업에 육합이 들면 직업에서 대성할 수 있다. 두 가지 직업 중 한 가지를 택하면 된다.

'태어난 해의 천간'을 보고 '십이살 기본 도표'를 보고 생월을 찾아서 판단한다.

六合육합 혹은 刑형이나 沖충이 되었는지 참고한다.

● 職業직업 표

직업 \ 천간	官관印인農농業업	屠도宰재魚어商상	秀수才재造조笠립	打타鐵철造조商상	師사術술陶도器기	酒주官관人인車거	音음樂악乞걸人인	醫의卜복捕포獸수	僧승道도船선商상	裁재縫봉敎교師사	米미商상武무俠협	修수作작垂수釣조
甲갑	인	묘	진	상	오	미	신	유	술	해	자	축
乙을	묘	진	사	오	미	신	유	술	해	자	축	인
丙병	진	사	오	미	신	유	술	해	자	축	인	묘
丁정	사	오	미	신	유	술	해	자	축	인	묘	진
戊무	오	미	신	유	술	해	자	축	인	묘	진	사
己기	미	신	유	술	해	자	축	인	묘	진	사	오
庚경	신	유	술	해	자	축	인	묘	진	사	오	미
辛신	유	술	해	자	축	인	묘	진	사	오	미	신
壬임	술	해	자	축	인	묘	진	사	오	미	신	유
癸계	해	자	축	인	묘	진	사	오	미	신	유	술

손에 잡히는 **내사주 내팔자**

■ 예시. 1

▶ 1982년(壬戌임술년) 음력 7월 12일 午오시생

'태어난 해의 천간'을 보고 '십이살 기본 도표'을 찾아보면
'생년-생월-생일-생시'가 '술-진-묘-유'로 되니 다음과 같은 사주를 얻었다.

생년	생월	생일	생시
임 술	진	묘	유

● 職業직업 표

직업 \ 천간	官관印인農농業업	屠도宰재魚어商상	秀수才재造조笠립	打타鐵철履이商상	師사術술陶도器기	酒주官관人인車거	音음樂악乞걸人인	醫의卜복捕포獸수	僧승道도船선商상	裁재縫봉教교師사	米미商상武무俠협	修수作작垂수釣조
甲갑	인	묘	진	상	오	미	신	유	술	해	자	축
乙을	묘	진	사	오	미	신	유	술	해	자	축	인
丙병	진	자	오	미	신	유	술	해	자	축	인	묘
丁정	사	오	미	신	유	술	해	자	축	인	묘	진
戊무	오	미	신	유	술	해	자	축	인	묘	진	사
己기	미	신	유	술	해	자	축	인	묘	진	사	오
庚경	신	유	술	해	자	축	인	묘	진	사	오	미
辛신	유	술	해	자	축	인	묘	진	사	오	미	신
壬임	술	해	자	축	인	묘	진	사	오	미	신	유
癸계	해	자	축	인	묘	진	사	오	미	신	유	술

[해설]

직업을 찾아보니 '音樂乞人음악걸인'이 되나 생년과 생월이 진-술로 충을 하니 직업이 불안전 한 것이다. 충이 없는 사주는 본 장에서 나온 직업을 하면 평탄하게 직업을 가질 것이다. 다른 사주도 '십이살 기본 도표'를 이용하여 위와 같이 본다.

官印農業
관 인 농 업

官印관인
부세와 공세를 주재하니 백가지 복록을 가히 기약하리라.
仁인으로 마음을 쓰고 善선으로 정치를 하도다.
한 번 부르면 백 명이 대답하니 만인이 우러르도다.
만일 그렇지 아니하면 집단의 우두머리가 되리라.
만일 사십을 지나면 길한 운이 돌아오리라.

農業농업
장수하고 자식 복이 있는 부귀의 격이로다.
이름이 사방에 떨치니 만인이 우러르도다.
사람 간에 믿음이 있으니 陶朱도주 같도다.
밭가는 것처럼 힘써 산업을 일으키니 소와 양이 스스로 번성하리라.
선악을 구별하지 않으니 일세가 평안하리라.
※ 농업, 축산업, 임업 등
※ 陶朱도주-越월나라의 宰相재상 范蠡범여를 달리 이르는 말.
벼슬은 그만두고 陶도의 땅에서 살아 朱公주공이라 일컬은 데서 온 말임

屠宰魚商
도 재 어 상

屠宰도재
자세히 직업을 보니 가히 천한 직업이로다.
손에 금도끼를 쥐고 있으니 날마다 소와 양을 죽이는구나.
신세를 한탄하지 마라. 귀하고 천함은 마음먹기 달렸도다.
만일 그렇지 아니하면 몸의 모습이 바뀌리라.
대인이 이 같으면 날고기를 대대로 먹고 살리라.
※정육점, 도살업, 축산물 가공업 등

魚商어상
길 위에서 거래를 하니 행상하는 팔자로다.
만일 행상이 아니면 해물을 팔며 생애를 보내리라.
주야로 사람을 대하니 능히 천금을 이루리라.
해자축년에 생도가 점점 이루어지리라.
초년 운은 비록 곤궁하나 말년 운은 태평하리라.
※노점상, 유통업, 어물전, 횟집 등
※해자축년-돼지해, 쥐해, 소해를 말함

秀才造笠
수 재 조 립

秀才수재

군자가 수재를 만나면 반드시 문명을 일으키도다.
서민은 손재주가 반드시 묘하리라.
만일 수재가 없으면 농상의 사람이라.
삼산에 집이 가까우니 가히 인명을 살리리라.
혹은 의원으로 행술하며 혹은 華商화상이로다.
※거울장사, 비단장사, 중국무역업, 외과의사, 한의원, 침술원, 기술자, 농업 등

造笠조립

그대의 팔자는 갓을 만드는 팔자로다.
위인이 조밀하니 손끝이 교묘하도다.
사람이 비록 편하다하나 잠시도 가만있지를 못하는구나.
대나무와 털을 잘 다루니 손재주로 이익을 얻으리라.
대인이 이를 만나면 천하에 갓을 씌우리라.
※모자점, 각종 수선집 등

打鐵履商
타 철 이 상

打鐵타철

살면서 가진 직업이 날마다 발전하는구나.
적은 것으로 큰 것을 이루고, 쇠로 그릇을 만드는구나.
만일 금을 다루지 못하면 나무로써 재목을 이루리라.
날이 하루하루 지남에 재물을 천금이나 이루도다.
몸이 부명에 있으니 石崇석숭을 비웃으리라.
※쇠를 팔거나 쇠 다루는 직업, 대장간, 금세공업, 유기점, 제재소, 목공소 등
※石崇석숭─중국(中國) 진(晋)나라 때의 부호였던 석숭에서 온 말로,
부자(富者)를 비유(比喩)하여 일컫는 말

履商이상

남은 비록 한가롭다하여도 나는 실로 고생스럽구나.
명중에 흉살이 있으니 혹은 이루고 혹은 패하도다.
남으로 인하여 피해를 입으니 선무공덕이라.
가산이 넉넉하지 못하니 빈곤한 형상을 어찌할꼬.
이 사람의 평생은 중년 후라야 성가하리라.
※신기료장수, 신발가게 등

師術陶器
사 술 도 기

師術사술

신농유업으로 만인을 구제하도다.
이름이 사방에 가득하니 원하는 바를 이루리라.
문장으로 가히 현달하니 술업에 들어 이익을 얻으리라.
만일 그렇지 아니하면 농업을 겸하리라.
날로 재물을 일으키니 말년은 태평하리라.
※부동산업, 소개업, 무역업, 농업, 철학원, 점술원, 풍수지사 등

陶器도기

흙으로 그릇을 만드니 재주가 출중하도다.
좌우에 많이 쌓였으니 만인이 따르는구나.
선한 마음으로 사업을 하니 어떤 이가 알지 못하리오.
천지에 운을 만나니 천금을 손에서 희롱하리로다.
날로 나아가고 달로 가지니 부명을 가히 기약하리라.
※도기업, 숯가마사업, 찜질방, 상자공장, 그릇가게 등

酒官人車
주 관 인 거

酒官주관

그대 팔자는 술장사의 생애로다
젊은 여인이 길가에 집을 짓도다.
화류춘풍에 술파는 향화촌이라.
돈을 물 쓰듯 하니 사람들이 호걸이라 말하리라.
무정세월이 흐르는 물결 같도다.
 ※주점 등

人車인거

봄빛이 하늘과 땅에 가득하니 꾀꼬리가 대가지에 깃드는구나.
빈객이 와서 이르니 수레를 끌고 그 명령에 따르리라.
신속하기가 번개 같으니 동하는 힘이 걸음을 재촉하도다.
풍우를 아랑곳하지 아니하니 손과 발로 이익을 보리라.
노심 노력하여 마침내 부자가 되리라.
※운수업, 운송업, 유통업 등

音樂乞人
음악걸인

音樂음악

긴긴날 거문고를 타니 풍류객이로다.
세월이 흐르는 물과 같으니 가히 홍안을 아끼리라.
화류 향화촌에 호걸협사로다.
만일 이 운이 아니면 생명에 해가 있으리라.
신세를 한탄하지 마라. 이것 또한 운이로다.
※가수, 밴드, 음악가, 연예인, 노래방운영 등

乞人걸인

동서에 분주하니 걸식하는 생애로다
사방으로 구걸하여 근근이 의식하도다.
곤고함을 한탄하지 마라. 후에는 편안하리라.
집집 문 앞에서는 개가 먼저 나와서 짖는구나.
만일 귀성이 임하면 생애에 한 번은 이름을 내리라.
※남의 몸으로 먹고 사는 직업, 맛사지업, 피부관리업, 경락 등

醫卜捕獸
의 복 포 수

醫卜의복

천의성이 임하니 재예가 출중하도다.
혹여 풍수지리 지사가 되어 음택 양택을 점치리라.
신농씨가 끼친 업이 능히 가로되 의약이라.
만일 의약이 아니면 농사를 힘쓰고 끝을 배우리라.
남에 앞서는 재예로 돈쓰기를 물같이 하는구나.
※의사, 한의사, 약사, 풍수지사, 역술인, 농업, 연예인 등

捕獸포수

삼산 밖에서 매를 받고 망견하도다.
산신령이 많이 도우니 금수를 많이 잡도다.
손에 생살권을 쥐었으니 몸이 동서에 번거롭도다.
방포 한 소리에 금수가 다 놀래도다.
대인이 이를 만나면 백만 군중에 대장이 되리라.
※사격장운영, 군인, 동물조련사 등

僧道船商
승 도 선 상

僧道승도

부모와 조상묘를 버리고 떠나니 몸을 산문에 의지하도다.
달빛아래 솔바람이 담장이 넝쿨을 흔들면 한가로이 앉아 염불을 하는구나.
그 성정이 허하니 한가하고 고요함을 주장하도다.
만일 이 같지 아니하면 수명이 불리하도다.
만일 이 같지 아니하면 역술과 풍수지사로 살아가리라.
※스님, 역술인, 풍수지사 등

船商선상

만경창파에 순풍으로 행선하도다.
정월 망일에 하백에게 기도하도다.
평생의 일은 아침에 동쪽으로 갔다가 저녁에 서쪽으로 돌아오도다.
배에 가득 싣고 돌아오니 반은 취하여 창가를 부르는구나.
항구에 출입함이 의기양양하도다.
※고기잡이, 원양어선단, 무역업 등

裁縫教師
재 봉 교 사

裁縫재봉

교역하는 시장위에 포목점으로 흥하리라.
오능촉백을 자와 칼로 다루는구나.
산을 아홉 길을 하매 공이 한 삼태에 있도다.
식록이 유여하니 부자의 명이로다.
여자가 이에 이르면 침자로 성공하리라.
※포목점, 재단사, 침술사, 의류업 등

教師교사

신농씨의 유업으로 만인을 건지도다.
이름이 사방에 가득하니 소원을 한 가지 이루리라.
학문은 이미 도달하였으니 가르침으로 이익을 얻으리라.
만일 그렇지 아니하면 농업을 겸하리라.
날로 재물을 일으키니 말년은 태평하리라.
※교사, 교수, 강사, 외판원, 영업사원, 농업, 약초상 등

米商武俠
미 상 무 협

米商미상

그대 팔자는 甲乙갑을 겸업이로다.
평생에 업은 일신에 두 가지 직업이로다.
춥고 배고픈 선비요, 덕을 구하는 사람이로다.
좌우 노적 곳간에 만인이 줄을 서는구나.
쌀 쌓기를 산 같이 하니 어찌 陽翟양적을 부러워 하리요.
※두 가지 일, 미곡상 등

武俠무협

천성이 활발하니 일찍이 무예를 닦으리라.
업을 권하여 공을 이루니 문무가 일반이로다.
무예로써 성공하니 만인이 우러르는구나.
재주가 사람을 지나니 구변으로 재물을 생하도다.
마음이 강하고 입이 곧으니 평생에 굴하지 아니하도다.
※교육자, 무도인, 체육관, 운동선수, 말로써 하는 직업

修作垂釣
수 작 수 조

修作수작

수예가 출중하니 비단 평상인 같지 않도다.
평생소업은 하지 못하는 것이 없도다.
나무와 돌을 잘 다루니 날로 재물이 불어나도다.
만일 손재주가 아니면 이익이 술파는 일에 있도다.
위인이 교밀하여 매양 칭찬이로다.
※주점, 목공소, 돌 공장, 석수장이 등

垂釣수조

고기를 잡는 이익으로 집을 이루니 배를 창해에 띄우고 또 띄우도다.
옆바람 가랑비에 모름지기 돌아가도다.
 일엽편주 외로운 배에 근심 없는 늙은이로다.
그 옛날 강태공이 위수의 물가에서 노닐었노라.
부평 같은 인생을 한탄하지 마라.
후분은 태평하리라.
※어부, 운송업, 원양어업 등

제4장
科甲과갑

科甲과갑이라 함은 학문의 우열을 비교하여 우수한 자를 선발하는 기준이 되는 것이다.
이 과갑이 운명에 나타나지 않은 사람은 같은 관운을 원하는 다른 사람 보다 관운이 없다고
보면 된다.
태어난 해의 천간(띠)과 생시를 '십이살 기본도표'를 참고하여 과갑을 찾으면 된다.

● 科甲과갑 표

과갑 띠	虛허	心심1	昴앙	星성	心심2	昴앙	亢항	鬼귀	婁루	牛우
자	신	인	사	신	해	신	인	사	해	신
축	자	오	유	자	묘	자	오	유	묘	자
인	진	술	축	진	미	진	술	축	미	진
묘	인	신	인	사	신	해	사	신	인	해
진	오	자	오	유	자	묘	유	자	오	묘
사	술	진	술	축	진	미	축	진	술	미
오	사	해	신	해	사	인	해	인	신	사
미	유	묘	자	묘	유	오	묘	오	자	유
신	축	미	진	미	축	술	미	술	진	축
유	해	사	해	인	신	사	신	해	사	인
술	묘	유	묘	오	자	유	자	묘	유	오
해	미	축	미	술	진	축	진	미	축	술

■ 예시. 1

▶ 1982년(壬戌임술년) 음력 7월 12일 午오시생

'십이살 기본도표'에서 찾으면 다음과 같은 결과가 나온다.

생년	생월	생일	생시
술	진	묘	유

다음 과갑표에서 술에 유를 찾아보면 心宿심숙1, 昴宿앙숙2, 婁宿루숙의 세 가지 과갑의 길성을 가지게 된다.

● 科甲과갑 표

과갑 띠	虛宿 허숙	心宿1 심숙1	昴宿1 앙숙1	星宿 성숙	心宿2 심숙2	昴宿2 앙숙2	亢宿 항숙	鬼宿 귀숙	婁宿 루숙	牛宿 우숙
자	신	인	사	신	해	신	인	사	해	신
축	자	오	유	자	묘	자	오	유	묘	자
인	진	술	축	진	미	진	술	축	미	진
묘	인	신	인	사	신	해	사	신	인	해
진	오	자	오	유	자	묘	유	자	오	묘
사	술	진	술	축	진	미	축	진	술	미
오	사	해	신	해	사	인	해	인	신	사
미	유	묘	자	묘	유	오	묘	오	자	유
신	축	미	진	미	축	술	미	술	진	축
유	해	사	해	인	신	사	신	해	사	인
술	묘	유	묘	오	자	유	자	묘	유	오
해	미	축	미	술	진	축	진	미	축	술

虛宿 허숙

이름을 금방에 새기니 머리에 계수나무 가지를 먼저 꽂는구나.

그 지위는 무엇 인고 하니 생원의 지위로다.

벼슬은 무엇 인고 하니 한원의 직위로다.

부자가 되고 귀하게 되니 복록이 가볍지 아니하도다.

어느 때인고 하니 필시 子年자년이로다.

※子年자년-쥐띠 해

心宿 심숙1

안탑의 준명은 이름을 가로되 사마로다.

장안에서 말을 달리매 봄바람에 뜻은 격이로다.

午年오년 진사로서 卯年묘년에는 청운이로다.

배에 가득한 문장을 비단 같은 마음으로 수를 놓는 격이로다.

이 사람의 운은 복록이 이지러지지 않았도다.

※午年오년-말띠 해, 卯年묘년-토끼 해

昴宿 앙숙1

가을 장중에 벗을 만나 봄 시험에 응하였도다.

벼슬을 선택하여 지위에 오르니 몸을 세우고 이름을 날리리라.

몸이 관록에 임하니 귀인의 격이로다.

마음이 착하고 말이 아름다우니 학사의 직위로다.

그로써 부모를 나타내고 일세에 문장이 되도다.

星宿 성숙

청운에 운을 만나서 황갑의 이름을 얻도다.
은혜는 현령의 직위이니 명예는 장안에서 빛나리라.
사해 안에서 그 덕을 칭송하리라.
발로 홍진을 밟아버리고 손으로는 단계를 꺾도다.
이 사람의 명은 귀로써 재물을 발하리라.

心宿 심숙2

갑자, 병자, 무자, 경자, 임자년에 현달할 객이로다.
이름을 떨칠 때가 언제인고. 卯年묘년에 응하리라.
머리에 월계수 꽃을 꽂으니 반드시 장원급제라.
문과와 무과 중 어느 것인고. 진사의 이름이로다.
허리에 금인을 차니 반드시 장관에 오르리라.
※卯年묘년-토끼 해

昴宿 앙숙2

백번을 합격하는 운이나 戌年술년 봄에 응시하리라.
웃으며 필마로 장안을 편답하도다.
한 번 불러 백이 대답하니 혁혁한 그 바람이로다.
이에 쌓고 곳간을 가지니 부자를 겸하였도다.
명칭이 무엇 인고 하니 무과의 사람이로다.
※戌年술년-개 해

亢宿 항숙

십년공부로 등잔 밑에서 고생하는구나.
경영이 어디 있는 고 하니 말 머리에 영화가 있도다.
가을 대궐위에 이름을 올리니 계수나무 꽃을 먼저 꺾도다.
방량에 기준이 있으니 공사의 현신이로다.
초년고생을 한탄하지 마라.
달디 단 영화를 맛보게 되리라.

鬼宿 귀숙

본성이 품부하는 바는 총명한 객이로다.
부귀는 정하여져 있고 몸은 용문에 오르리라.
공명이 현달하니 소년에 등과하리라.
눈 창문 반딧불에 배에 가득한 문장이로다.
신명에서 도우니 이에 오늘이 있도다.

婁宿 루숙

세 번을 출시하여 아홉 번에 이름을 날리리라.
관직은 무엇을 받았는가. 主簿주부의 직위로다.
쾌히 그렇게 이루어지니 순순히 행해지도다.
십년의 고생이 달콤한 영화로 받아지도다.
물리치고 오르니 매사가 밝도다.

牛宿 우숙

독서한지 십년에 직위 얻기가 어렵도다.

일조에 현달하여 승차가 이름이 있도다.

몸은 사마가 아니나 직위는 태사로다.

붓 가는데 붓 가고 삭제하는데 삭제하니 이름이 만년에 전하리라.

제5장
出仕출사

出仕출사라 함은 벼슬길에 나아가는 것을 말한다. 이에 해당하는 사주를 **貴格**귀격이라말하는 것이다. 여기에 해당하지 않는 팔자는 관운이 없는 것이다.

태어난 해의 띠를 보고 생월을 그대로 보면 된다.

● **出仕출사 표 ◈**

띠 \ 출사	宮金 궁금	商木 상목	角水 각수	徵火 치화	羽土 우토	金宮 금궁	木商 목상	水角 수각	火徵 화치	土羽 토우
자	2	4	3	2	1	8	1	7	2	8
축	4	7	9	4	8	1	8	10	4	1
인	8	12	2	1	2	4	2	8	8	4
묘	3	11	4	8	4	2	4	1	3	2
진	9	5	8	3	9	3	9	4	9	3
사	12	2	1	11	3	9	3	2	11	9
오	5	9	12	5	5	11	5	9	5	11
미	12	9	6	12	11	5	11	3	12	5
신	3	6	5	3	6	12	6	11	3	12
유	6	1	11	6	11	6	12	5	6	6
술	10	8	7	10	7	10	10	12	10	7
해	7	12	10	7	10	7	7	6	7	10

■ 예시. 1

▶ 1982년(壬戌임술년) 음력 7월 12일 午오시생

7월이니 술에서 7을 보면 角水각수, 羽土우토, 土羽토우에 해당하는 것이다.
만일 8월이라면 商木상목에 해당하는 것이다.

출사 띠	宮金 궁금	商木 상목	角水 각수	徵火 치화	羽土 우토	金宮 금궁	木商 목상	水角 수각	火徵 화치	土羽 토우
자	2	4	3	2	1	8	1	7	2	8
축	4	7	9	4	8	1	8	10	4	1
인	8	12	2	1	2	4	2	8	8	4
묘	3	11	4	8	4	2	4	1	3	2
진	9	5	8	3	9	3	9	4	9	3
사	12	2	1	11	3	9	3	2	11	9
오	5	9	12	5	5	11	5	9	5	11
미	12	9	6	12	11	5	11	3	12	5
신	3	6	5	3	6	12	6	11	3	12
유	6	1	11	6	11	6	12	5	6	6
술	10	8	7	10	7	10	10	12	10	7
해	7	12	10	7	10	7	7	6	7	10

宮金 궁금

　처음에 손에 쥐고 중년에 올라가니 황갑이 그 이름이라.

몸이 일품에 거하여 한 나라의 원훈이라.

허리의 금대와 붉은 옷이 사시를 순하게 하도다.

자백과 홍진에 양경의 이름이 나타나도다.

그 직업은 무엇 인고 하니 四岳사악과 百揆백규로다.

※四岳사악과 百揆백규-물을 다스리는 관리

商木 상목

이 사람의 운은 가히 二品이품을 기약하리라.

그 직위는 무엇 인고 하니 爐烟로연(화로)을 하사 받았도다.

인생에 이것을 가치로 두면 부귀쌍전이로다.

부자하고 귀함으로 금의환향하리라.

일생에 한이 되는 것은 일품을 얻기 어렵다는 것이라.

角水 각수

머리에 綸巾륜건을 두르고 높이 羅傘라산을 꽂았도다.

벼슬이 三品삼품에 거하니 비단 옷이 나의 옷이라.

장한 재상이여, 복록이 이지러지지 않았구나.

몸으로 천금을 이루니 귀함으로 재물을 이루리라.

운이 巳午사오년에 돌아오니 복록이 천종을 이루리라.

※巳午사오년-뱀띠 해와 말띠 해

徵火 치화

몸이 천을에 임하니 귀인이 가히 알겠도다.
붉은 옷을 입고 금대를 두르니 반드시 관록이 있도다.
일조에 현귀하니 몸에 가득한 영화로다.
문무를 구별하여 보니 조신이 설반하도다.
황당한원에 벼슬이 四品사품에 거하도다.

羽土 우토

허리에 금대를 차고 은을 두르고 몸은 용마를 두르도다.
만민에 위엄이 있으니 五品오품의 벼슬이로다.
백성의 자손에게 베푸니 자손에게 경사가 있으리라.
몸이 환문에 있으니 부귀가 겸전 하리라.
붉은 문에 드니 영화로운 금곡에 들리라.

金宮 금궁

이 사람의 사주는 문무를 가리지 않도다.
六品육품의 직위요, 사방을 순회하는구나.
늠름한 의용이요, 앙앙한 살기로다.
그러나 그 천성이 착하니 애민하는 비를 세웠도다.
국화 피는 구월에 이름이 만 리에 떨쳐지리라.

木商 목상

명중에 복록이 있으니 몸이 獬衣해의를 입었도다.
七品칠품랑관이 무직을 겸하였도다.
직위는 비록 낮으니 위엄이 추상 같도다.
청명으로 다스리니 백성이 평안하도다.
문무를 겸하니 출장입상하리라.

水角 수각

과거는 비록 분에 없으나 이름이 가득하도다.
서울에서 임금을 호위하니 威依위의가 있도다.
시각이 변하지 않으니 오래 기다리도다.
가을 강가의 부용이 반드시 훗날을 기약하리라.
현달하는 때가 있으니 八品팔품의 벼슬이로다.

火徵 화치

구품구품 소관이 이름이 장안에 퍼지도다.
염막명객이 厦屋하옥에 몸을 깃들이도다.
관직이 비록 낮으나 반드시 천금을 이루리라.
벼슬이 낮다하지 마라. 일생이 청한하리라.
몸이 천금을 이루니 어찌 도주를 부러워 하리요.

손에 잡히는 **내사주 내팔자**

土羽 토우

貢使공사로 三老삼노를 겸하니 舍人사인으로 승차하도다.
선비로서 이름을 올리니 관직에 나아가 한 가지를 이름올리라.
또 천금이 있으니 부귀겸전 하리라.
이 사람의 평생 운은 貴귀함은 적고 富부함은 크리라.
일신이 청한하니 마음은 한가하고 공명이 있도다.

제6장
家宅가택

家宅가택이라 함은 일생에 거처하는 곳이다. 어느 방향으로 집터를 삼아야 발복하는지를 알려주는 장이다. 오로지 태어난 시를 기준하여 가택궁을 보는 것이니 다음에서 자신의 시를 찾아보면 된다.

● 家宅가택 표

태어난 시간	십이지지	가택궁(坐向좌향)
오후11~오전1시까지	자시	天貴천귀궁
오전1시~오전3시까지	축시	天厄천액궁
오전3시~오전5시까지	인시	天權천권궁
오전5시~오전7시까지	묘시	天破천파궁
오전7시~오전9시까지	진시	天奸천간궁
오전9시~오전11시까지	사시	天文천문궁
오전11시~오후1시까지	오시	天福천복궁
오후1시~오후3시까지	미시	天驛천역궁
오후3시~오후5시까지	신시	天孤천고궁
오후5시~오후7시까지	유시	天刃천인궁
오후7시~오후9시까지	술시	天藝천예궁
오후9시~오후11시까지	해시	天壽천수궁

● 24방위도-패철이나 나침반을 이용하는 법

24방위도-패철

■ 예시. 1

▶ 巳時사시에 태어난 사람이라면 다음과 같이 천문궁에 해당이 된다.

오전9시~오전11시까지	巳時사시	天文천문궁

천문궁은 卯坐酉向묘좌유향에 해당하므로 24방위도에서 卯묘를 찾는다.
그 다음 卯묘를 등에 지고 대각선 정면에 보이는 酉유를 바라보는 집터가 본인의 가택궁이
되는 것이다.
※좌향은 24방위도에서 찾아본다.
자신이 방위도 중심에 서있다고 가정하고,
子坐午向자좌오향이라면, 子자를 등에 지고 午오를 바라보는 집터인 것이다.
壬坐丙向임좌병향이라면, 壬임을 등에 지고 丙병을 바라보는 집터인 것이다.

天貴 천귀궁

아내 눈물 떨어지는 곳에 그 세력이 길지 못하구나.
무슨 일로 첩을 취하였는고. 스스로 화를 자초하였도다.
성하고 패함을 반복하니 한 번은 타향에서 고생하리라.
丙坐壬向병좌임향에 의식이 스스로 족하도다.
위인이 일찍 현달하니 백가지 복을 겸전하도다.

天厄 천액궁

몸에 액에 액을 더하니 초년은 좋지 못하도다.
바람 앞에 등불이요, 물결 속에 위태한 배로다.
사십 칠 팔세에는 마른 나무에 꽃이 피는 격이로다.
일생에 있어 길한 터는 丑坐未向축좌미향이로다.
몸이 편안하고 마음이 즐거우니 태평백년이로다

天權 천권궁

두 사람의 금슬은 녹수의 원앙이로다.
일에 공평함이 많으니 남들의 두목이 되리라.
이른 자식은 기르기 어려우니 적선하면 길하리라.
길한 터는 어느 곳인 고, 丑坐未向축좌미향이로다.
가히 이 땅을 택하면 가문이 번성하리라.

天破 천파궁

꽃은 떨어지고 나비는 가니 중년은 치패하리라.
비록 변통은 있으나 게를 잡아 물에 놓아주는 격이도다.
만일 화재가 아니면 물귀신에게 한 번 놀라리라.
巳坐亥向사좌해향 집은 신세가 좋고 평안하리라.
낮에 생각하고 밤에 계산하니 마음이 부호인 것이리라.

天奸 천간궁

청조가 두 번 우니 금슬이 길지 아니하도다.
살귀가 양기를 해치니 가산이 한 번 패하리라.
시비에 들지 마라. 한 번 구설을 들으리라.
子坐午向자좌오향은 흉함이 도리어 복이 되리라.
길지를 점쳐 살면 일이 여의하리라.

天文 천문궁

일처 이첩은 인지상정이로다.
위엄은 있고 덕이 없으나 사람이 모두 공경하도다.
성정이 급하나 쉽게 풀리니 마음속에는 인정이 많도다.
卯坐酉向묘좌유향에 살면 자연 발복하리라.
길성이 길지에 비추니 백살이 스스로 사라지도다.

天福 천복궁

꽃이 떨어지고 나비가 가니 중년에 치패하리라.

생리사별이니 三妻삼처팔자로다.

우연한 시비에 한 번 타향에서 괴로우리라.

壬坐丙向임좌병향에 재수가 대길하리라.

출장입상하여 부귀겸전하리라.

天驛 천역궁

권리를 잡아 돈을 쓰니 이 역시 풍상이로다.

일월이 정이 없으니 은혜가 다른 부모에게 맺히리라.

복록이 사방에 있으니 중분후분은 안길하리라.

辰坐戌向진좌술향은 대길하고 또한 왕하도다.

福地복지가 길함을 생하니 오복이 날로 이르리라

天孤 천고궁

玉顔옥안을 세 번 대하니 그 간에 한 번 패해 보리라.

시비에 들지 마라. 횡액과 구설수로다.

백로가 고기를 엿보니 중후는 형통하리라.

辰坐戌向진좌술향의 집터는 화액을 가히 면하리라.

火生土화생토하니 기뻐서 田土전토를 더하리라.

天刃 천인궁

초년의 운수는 해가 많고 이익이 적으리라.
액조가 때로 우니 이른 아들이 불길하도다.
남으로 인하여 해를 입으니 巳戌사술년을 삼가라.
길지를 도모코자 한다면 乾坐巽向건좌손향이로다.
화가 굴러 복이 되니 흉함이 도리어 길함이 되리라.
※巳戌사술년-뱀띠 해와 개띠 해

天藝 천예궁

백년 한 맺힌 정은 좌우의 금슬이로다.
손으로 재물을 이루니 금곡을 부러워하지 않도다.
지혜가 풍부하니 능히 죽음의 지경을 면하리라.
子坐午向자좌오향은 백사가 스스로 이루어지리라.
일찍 길지를 정해야 행복을 누리리라.

天壽 천수궁

수복이 하늘에 있으니 써도 써도 마르지 않도다.
푸른 참새가 멀리 나니 바람을 맞아 고향을 떠나리라.
효도로서 어머니를 봉양하니 무후봉사하리라.
卯坐酉向묘좌유향의 집터는 가도가 스스로 이루어지리라.
수복을 누리고자 하면 먼저 좌향을 보라.

● 가택궁(坐向좌향)

자사-天貴천귀궁
丙坐壬向병좌임향
축사-天厄천액궁
丑坐未向축좌미향
인사-天權천권궁
丑坐未向축좌미향
묘사-天破천파궁
巳坐亥向사좌해향
진사-天奸천간궁
子坐午向자좌오향
사사-天文천문궁
卯坐酉向묘좌유향
오사-天福천복궁
壬坐丙向임좌병향
미사-天驛천역궁
辰坐戌向진좌술향
신사-天孤천고궁
辰坐戌向진좌술향
유사-天刃천인궁
乾坐巽向건좌손향
술사-天藝천예궁
子坐午向자좌오향
해사-天壽천수궁
卯坐酉向묘좌유향

제7장
時入시입

時入시입이라 함은 춘하추동 四時사시에 입하여 일신상 어떤 궁에 속하는지를 아는 법을 말한다. 어떤 궁은 길하고 어떤 궁은 흉한가를 아는 것이다.

보는 방법은 태어난 달을 기준 하는데 태어난 달이,

음력 1-2-3월이면 춘삼삭

음력 4-5-6월이면 하삼삭

음력 7-8-9월이면 추삼삭

음력 10-11-12월이면 동삼삭에 해당하는 것이므로 이를 기준으로 태어난 시를 대조하여 時入시입궁을 찾으면 된다.

태어난 시간	십이지지
오후11~오전1시까지	자시
오전1시~오전3시까지	축시
오전3시~오전5시까지	인시
오전5시~오전7시까지	묘시
오전7시~오전9시까지	진시
오전9시~오전11시까지	사시
오전11시~오후1시까지	오시
오후1시~오후3시까지	미시
오후3시~오후5시까지	신시
오후5시~오후7시까지	유시
오후7시~오후9시까지	술시
오후9시~오후11시까지	해시

● 時入시입궁 표

태어난 달 / 時入시입궁	음력 1-2-3월 春三朔춘삼삭	음력 4-5-6월 夏三朔하삼삭	음력 7-8-9월 秋三朔추삼삭	음력10-11-12월 冬三朔동삼삭
頭두	인시	사시	신시	해시
手수	사시, 해시	신시, 인시	해시, 사시	인시, 신시
肩견	진시, 자시	미시, 묘시	술시, 오시	축시, 유시
腹복	술시	축시	진시	미시
胸흉	오시	유시	자시	묘시
陰음	신시	해시	인시	사시
耳이	묘시, 축시	오시, 진시	유시, 미시	자시, 술시
足족	미시, 유시	술시, 자시	축시, 묘시	진시, 오시

■ 예시. 1

▶ 1982년(壬戌임술년) 음력 7월 12일 午오시생

7월에 午時오시니 時入시입궁은 肩견궁이 된다.

태어난 달 / 時入시입궁	음력 1-2-3월 春三朔춘삼삭	음력 4-5-6월 夏三朔하삼삭	음력 7-8-9월 秋三朔추삼삭	음력10-11-12월 冬三朔동삼삭
頭두	인시	사시	신시	해시
手수	사시, 해시	신시, 인시	해시, 사시	인시, 신시
肩견	진시, 자시	미시, 묘시	술시, 오시	축시, 유시
腹복	술시	축시	진시	미시
胸흉	오시	유시	자시	묘시
陰음	신시	해시	인시	사시
耳이	묘시, 축시	오시, 진시	유시, 미시	자시, 술시
足족	미시, 유시	술시, 자시	축시, 묘시	진시, 오시

손에 잡히는 **내사주 내팔자**

頭 두

男 남자

일생이 길게 무탈하니 의식과 복록이 자연 통하도다.
위인이 부귀에 가까우니 군자로서 반드시 공후로다.
세상 사람이 이로써 이름을 부르나니 일생 부귀에 가깝도다.

女 여자

현숙하고도 온후하나니 총명하고 교묘한 지혜가 많도다.
해마다 수복을 얻으니 그 시절이 장구하도다. 일세에 부귀를 누리리라.

手 수

男 남자

초년을 평탄하게 지내니 귀인문에 출입하도다.
중분에 심력으로 수고하니 생계가 점점 풍요해지도다.
재보가 사방에서 들어오니 말분이 십분이나 있도다.

女 여자

난초의 자태가 청수하니 방적하는데 노고가 많도다.
금슬이 장구하니 부귀가 백발에 이르도다.

肩 견

男 남자

초년이 좋지 못하니 의식과 복록을 때를 따라 쫓도다.
중년은 재물과 이익이 따르고 먼저 괴롭고 후에 영화하리라.
이 사람의 명을 자세히 보니 평생을 길게 쾌락하리라.

女 여자

고진감래하니 의록이 적지 않도다.
중년은 평평히 지내고 복록은 말년에 있도다.

腹 복

男 남자

의식과 복록이 풍족하니 가계에 홍복이 많도다.

쾌락하여 부귀를 누리 니 업을 더하고 새 것을 더하도다.

조상의 업은 원래대로 돌아가니 일생을 평범하게 살리라.

女 여자

평생에 노고가 없으니 금을 뚫어 은을 허리에 차도다.

명중에 의식이 족하니 현량하고 심성이 착하도다.

胸 흉

男 남자

부귀가 높게 일어나니 자손이 발달하리라.

글을 읽어 과거에 오르니 처첩이 용모를 주장하도다.

세상사가 분에 넘치니 분에 넘치는 일을 삼가라.

女 여자

용모가 청수하고 고우니 마음이 남자의 뜻을 세워주리라.

복록을 하늘에서 정해주니 刑형도 없고 沖충도 없도다.

陰 음

男 남자

집을 이루고 업을 스스로 흥하게 하니 중년은 의식이 족하도다.

자손이 모두 현귀하니 수복을 더하리라.

부부가 백년을 화락하니 다시 금슬을 고치지 않으리라.

女 여자

아내가 어질고 지아비가 착하니 가정사가 태평하여 즐겁도다.

오복에 한 점 흠도 없으니 수복이 모두 남자에게 있도다.

耳 이

男 남자
일을 함에 이익이 없으니 일찍이 어려움이 많도다.
초년에 번거롭고 어려움이 많으니 말년에 영화를 보리라.
초년 고생을 한탄하지 마라. 그렇지 않으면 몸에 병이 있으리라.

女 여자
다리와 손에 흠이 없으면 일생 뜻을 이루기 어렵도다.
부부궁에 근고가 많으니 속정은 더욱 쌓이는구나.

足 족

男 남자
조상 집에 주거함이 마땅치 않으니 정해진 처를 바꾸리라.
산머리를 밟으니 조상님 곁을 떠나야 복을 이루리라.
인생이 백년을 지나기 어려운데 어찌 풍상이 많은 고.

女 여자
장부가 힘을 얻지 못하니 두 번 시집감이 마땅하리라.
스스로 주인 행세를 하니 이 모두가 팔자가 사나움이라.

제8장
命宮명궁

命宮명궁이라 함은 장수하고 요절함을 보는 것이다. 이 모두가 陰陽中和음양중화의 이치로 인함이다. 태어난 해의 띠와 사주의 태어난 時시로 보는 것이다.

● 命宮명궁 표

명궁 \ 태어난 띠	원숭이띠 쥐띠 용띠	호랑이띠 말띠 개띠	돼지띠 토끼띠 양띠	뱀띠 닭띠 소띠
富庫부고	사	해	신	인
積庫적고	오	자	유	묘
攀庫반고	미	축	술	진
虛庫허고	신	인	해	사
貴庫귀고	유	묘	자	오
正庫정고	술	진	축	미
暮庫모고	해	사	인	신
査庫사고	자	오	묘	유
滿庫만고	축	미	진	술
空庫공고	인	신	사	해
合庫합고	묘	유	오	자
天庫천고	진	술	미	축

손에 잡히는 **내사주 내팔자**

■ 예시. 1

▶ 1982년(壬戌임술년) 음력 7월 12일 午오시생

'태어난 해의 천간'을 보고 '십이살 기본 도표'에서 찾아보면
'생년-생월-생일-생시'가 '술-진-묘-유'로 되니 다음과 같은 사주를 얻었다.

생년	생월	생일	생시
임 술	진	묘	유

생시가 酉유시가 되고 개띠-유를 도표에서 보니, 合庫합고가 된다.

명궁 \ 태어난 띠	원숭이띠 쥐띠 용띠	호랑이띠 말띠 개띠	돼지띠 토끼띠 양띠	뱀띠 닭띠 소띠
富庫부고	사	해	신	인
積庫적고	오	자	유	묘
攀庫반고	미	축	술	진
虛庫허고	신	인	해	사
貴庫귀고	유	묘	자	오
正庫정고	술	진	축	미
暮庫모고	해	사	인	신
査庫사고	자	오	묘	유
滿庫만고	축	미	진	술
空庫공고	인	신	사	해
合庫합고	묘	유	오	자
天庫천고	진	술	미	축

富庫 부고

의식이 풍족하나 난초에 향기가 없도다.

칠성에 공을 들이면 두 아들이 종신토록 효도하리라.

수는 얼마인가. 팔십을 가히 기약하리라.

오일 동안 급체로 명을 하늘에 돌려보내리라.

만약 사주에 丑卯축묘가 있으면 육십 삼세가 정명이로다.

※ '사주에 丑卯축묘가 있으면.' – '십이살 기본 도표'에서 찾아보라

積庫 적고

상서로운 구름이 어둠을 비추니 사면에 길한 운이로다.

만년에 이르러 陶朱도주도 부러워하지 않으리라.

네 다섯 중에 세 가지가 가장 길하도다.

수는 얼마 인고 하니 칠십 오년이로다.

사주에 酉丑유축이 있으면 육십 오세가 정명이로다.

※ '사주에 酉丑유축이 있으면...' – '십이살 기본 도표'에서 찾아보라

攀庫 반고

병든 기마가 마구간에 엎드려 있으니 백락이 어디 있는 고.

초년은 곤란하나 후분은 태평하리라.

그 결과는 어떠한가. 두 아들이 종신토록 효도하리라.

수는 얼마 인고 하니 칠십 오세라.

황천 돌아가는 길은 냉담질환이로다.

손에 잡히는 **내사주 내팔자**

虛庫 허고

진심갈력하여 허고를 실제로 논하여 보노라.
종신에 자식을 말하자면 두 자식이 향기를 토하리라.
수는 얼마 인고 하니 육십 구세라.
삼일 병이 중하니 황천으로 돌아가리라.
인간 별세는 풍담의 증세로 가리라.

貴庫 귀고

고향을 떠남이 이로우니 의식과 복록이 면면히 이어지도다.
두 아들 가운데 한 아들이 종효하리라.
이간 백년이나 가히 칠십을 기약하리라.
겨울 흐린 날 병을 얻은 지 닷 세만에 돌아가리라.
해소병으로 운을 다하도다.

正庫 정고

비와 바람이 순조로우니 길한 경사가 문에 이르도다.
뜰 앞에 신령스런 나무에 두 가지 봄이 찾아오도다.
수는 얼마 인고 하니 육십 칠년이로다.
술 먹고 체하여 삼일동안 앓아눕도다.
약간 흐린 날이 세상과 이별하는 날이로다.

暮庫 묘고

늦게 보배 재물을 얻으니 삼태의 흙이 산을 이루도다.

불전에 기도한 덕으로 두 아들이 종신하리라.

수는 얼마 인고 하니 칠십 세로다.

중풍으로 오일 만에 돌아가리라.

비 오는 날 그늘에서 애통망극하리라.

査庫 사고

이 사람의 평생은 초년에 실패가 많으리라.

중년에는 점점 형통하여 천금을 다시 희롱하도다.

수는 얼마 인고 하니 육십 팔세로다.

삼일 담증에 황천으로 영결되도다.

滿庫 만고

상서로운 구름이 어둠을 비추니 금옥이 만당하도다.

형궁이 살을 범하니 한 번 엎어지리라.

칠성에 공을 들이면 한 아들이 종신토록 효도하리라.

수는 얼마 인고 하니 칠십 육세로다.

삼일 득병에 냉체의 증세로 돌아가리라.

空庫 공고

이 사람의 범사는 실속은 적고 허사가 많으리라.
초년 운은 평범하나 후분은 곤란하구나.
삼 사명의 자식 중 두 자식이 종신을 하리라.
수는 얼마 인고 하니 칠십 삼세리라.
여러 해를 화병으로 앓다가 이 일만에 별세하리라.

合庫 합고

착함으로서 활인하니 반드시 남아도는 경사로다.
뜰 앞에 신령스런 나무에 세 가지 결실을 보도다.
수는 얼마 인고 하니 칠십 칠년이로다.
냉질풍증으로 한 달 만에 황천길로 가리라.
甲갑년과 乙을년에 흐리지도 맑지도 않은 날이구나.

天庫 천고

이 사람의 평생은 중년에 성가하리라.
불전에 헌성하면 두 아들이 종신하리라.
수는 얼마 인고 하니 팔십 되는 해로다.
두 달 동안 담증으로 몸이 황천에 들도다.
춥지도 않고 덥지도 않은 반양지는 날이로다.

六親이라 함은 부모, 형제, 처자를 말함이다.
오행의 生剋原理생극원리로 그 뜻을 나타내고 있다.
서로 상극을 이루면 불미한 것이다.

제3편
六親육친

부부는 음양의 기본으로 천지가 있은 후에 부부가 있고, 부부가 있은 후에 부자, 형제, 군신, 상하가 생기고 귀천이 생기는 것이니, 이를 잘 판단하여야 인생사의 기본바탕인 부부의 백년해로나 생사이별을 알 수 있는 것이다.

태어난 해의 띠를 보고 生月생월을 그대로 보면 된다.

● 12살 표

형살 \ 태어난 띠	뱀띠 닭띠 소띠	돼지띠 토끼띠 양띠	원숭이띠 쥐띠 용띠	호랑이띠 말띠 개띠
驛馬역마	10	4	1	7
六害육해	11	5	2	8
華蓋화개	12	6	3	9
劫煞겁살	1	7	4	10
災煞재살	2	8	5	11
天煞천살	3	9	6	12
地煞지살	4	10	7	1
年煞년살	5	11	8	2
月煞월살	6	12	9	3
亡神망신	7	1	10	4
將星장성	8	2	11	5
攀鞍반안	9	3	12	6

▶ 1982년(壬戌임술년) 음력 7월 12일 午午시생

7월이니 술에서 7을 보면 驛馬역마에 해당하는 것이다. 만일 3월이라면 月煞월살에 해당하는 것이다.

● 12살 표

태어난 띠 / 형살	뱀띠 닭띠 소띠	돼지띠 토끼띠 양띠	원숭이띠 쥐띠 용띠	호랑이띠 말띠 개띠
驛馬역마	10	4	1	7
六害육해	11	5	2	8
華蓋화개	12	6	3	9
劫煞겁살	1	7	4	10
災煞재살	2	8	5	11
天煞천살	3	9	6	12
地煞지살	4	10	7	1
年煞년살	5	11	8	2
月煞월살	6	12	9	3
亡神망신	7	1	10	4
將星장성	8	2	11	5
攀鞍반안	9	3	12	6

驛馬 역마

몸에 역마가 드니 동서로 분주하도다.
입신양명하여 재물을 발하여 치부하리라.
들면 근심이요, 나면 활발하도다.
천리타향에 근심스런 마음에 초초하도다.
객이 됨을 한탄하지 마라. 그렇지 아니하면 상처하리라.

六害 육해

처자궁에 형살이 드니 고독한 상이로다.
육해가 명에 비치니 불전에 공을 드리라.
육친이 무덕하니 자식궁에 한이 남는구나.
부모처자가 각기 떠나는구나.
많이 이루고 많이 잃으니 가산을 개혁하도다.

華蓋 화개

색을 가까이 하지 마라. 원앙이 먼저 다투도다.
중년은 점점 부유해지나 말년은 조금 패하리라.
부지런히 주야로 익히니 금의환향하리라.
대인이 화합하고 귀인이 서로 돕는구나.
도처에 춘풍이라. 그렇지 않으면 몸에 병이 있으리라.

劫煞 겁살

일찍이 부모와 이별하고 고향을 떠나 분주히 지내리라.

재물이 구름과 같으니 혹은 취하고 혹은 흩어지리라.

초년운에 이별수니 酉辰유진년에 성가하리라.

처자를 극하니 눈물이 끊임없도다.

三妻삼처의 수요, 물과 불에 놀라리라.

※酉辰유진년-닭띠 해와 용띠 해

災煞 재살

재살이 본래 흉하니 백가지 일이 이롭지 못하도다.

형살이 중중하니 금슬이 고르지 못하도다.

납폐하고 형을 받으니 우는 기러기가 홀연히 놀래도다.

남편은 동으로 부인은 서로 향하니 일신이 고단하도다.

비록 형제가 있으나 가히 독신과 같도다.

天煞 천살

마음속에 다른 마음이 있으니 은밀한 가운데 근심이 있도다.

백년 금슬에 액이 들어 있도다.

눈물이 하늘에 먼저 있으니 형제간에 의지하지 못하도다.

시비를 하지마라. 속성속패하리라.

일찍 출가를 하면 이 수를 면하리라.

地煞 지살

옹옹 우는 저 기러기 드디어 볕 보는 날이 오도다.
거문고가 비록 화목하나 가히 두 어머니를 모시리라.
본래 조업이 없으니 자수성가 하리라.
일찍 얻은 아들은 기르기 어려우니 늦게야 자식 형제를 얻으리라.
지성으로 기도하면 가히 이 수를 면하리라.

年煞 년살

멍에 도화를 띄니 반드시 불화하리라.
만일 불화가 아니면 배다른 형제를 보리라.
오귀가 침노하니 자식궁에 공을 드리라.
처첩이 서로 다투니 주색을 삼가라.
주색을 가까이 하지마라. 탕패하여 몸을 잃으리라.

月煞 월살

초년은 곤고하니 동서에 분주하리라.
형제자매가 있느냐 없느냐.
중년에 뜻을 이뤄 한 곳간에 두 살림이라.
옛 터가 이롭지 못하니 이사를 여러 번 하리라.
고독한 생애이니 성정이 중(스님)과 무당에 가깝도다.

亡神 망신

아내를 버리고 분묘를 떠나니 일신이 타향의 객이로다.
명이 망신에 있으니 동서에 분주하도다.
여러 번 喪敗상패를 보니 몸에 은밀한 근심이 있도다.
옛 터가 이롭지 못하고 타향에 이익이 있으리라.
안은 실하고 밖은 허하니 중후반은 태평하리라.

將星 장성

집안 일이 점점 통하게 되리라.
위인이 귀하고 통달하니 몸이 고위에 있도다.
글을 대하고 활을 드니 복록이 그 가운데 있도다.
평생에 하는 일은 춘풍이 온화하도다.
도처에 권리가 있으니 귀함으로 발신하리라.

攀鞍 반안

초년의 영화는 드문 것이로다.
만일 등과 하지 못하면 평생의 한이 되리라.
중년에 뜻을 얻으니 삼공의 자리에 오르리라.
왼쪽은 거문고요, 오른 쪽은 비파라. 꽃과 새가 봄을 희롱하리라.
노심노력하여 자수성가 하리라.

제2장

夫婦부부궁

부부가 합심하고 합심하지 않음을 보는 것이다.

태어난 해의 띠와 십이살 기본 도표에서 생월을 찾아서 본다.

● 夫婦부부궁 표

태어난 띠 부부궁	뱀띠 닭띠 소띠	돼지띠 토끼띠 양띠	원숭이띠 쥐띠 용띠	호랑이띠 말띠 개띠
和合화합	사	해	신	인
商量상량	오	자	유	묘
忤逆오역	미	축	술	진
保守보수	신	인	해	사
入舍입사	유	묘	자	오
離妻이처	술	진	축	미
重夫중부	해	사	인	신
重妻중처	자	오	묘	유
剋子극자	축	미	진	술
相嫌상혐	인	신	사	해
隔山격산	묘	유	오	자
求子구자	진	술	미	축

■ 예시. 1

▶ 1982년(壬戌임술년) 음력 7월 12일 午오시생

'태어난 해의 띠'를 보고 '십이살 기본 도표'에서 찾아보면

생년	생월	생일	생시
임 술	진	묘	유

[해설]

'생년-생월-생일-생시'가 '술-진-묘-유'로 되니 다음과 같은 사주를 얻었다.
개띠에 생월이 진이 되니 부부궁이 忤逆오역이 된다.

부부궁 \ 태어난 띠	뱀띠 닭띠 소띠	돼지띠 토끼띠 양띠	원숭이띠 쥐띠 용띠	호랑이띠 말띠 개띠
和合화합	사	해	신	인
商量상량	오	자	유	묘
忤逆오역	미	축	술	진
保守보수	신	인	해	사
入숨입사	유	묘	자	오
離妻이처	술	진	축	미
重夫중부	해	사	인	신
重妻중처	자	오	묘	유
剋子극자	축	미	진	술
相嫌상혐	인	신	사	해
隔山격산	묘	유	오	자
求子구자	진	술	미	축

和合 화합

남편은 화합하고 아내는 순하니 상하가 화락하도다.
한 물결 푸른 물에 원앙이 서로 꾀하도다.
자식이 춤을 추며 돌아가니 도화가 활짝 피었구나.
하늘이 맺어준 인연이니 부를 이룰 팔자로다.
명 가운데 형해살이 있으니 즐거운 가운데 조금 흠이 있도다.

商量 상량

화촉 밝힌 동쪽 상위에 금슬이 서로 화합하도다.
원앙이 유유히 노니니 갈매기와 해오라기가 어찌할 바를 모르는구나.
이른 아내는 불리하니 늦게 장가들면 해로하리라.
만약 겁살이 임하면 처궁에 화합함이 없도다.
범사를 상량하면 길함은 있으되 흉함은 없도다.

忤逆 오역

하나는 동으로 하나는 서로 가니 뜻을 어찌 합하리요.
양삼 그 방에 눈물이 뜰 앞에 떨어지도다.
만일 혼란이 있지 않으면 이별을 가히 알리라.
삼십 운에 처를 만나면 가히 해로함을 얻으리라.
문 앞에 청산을 대하니 대나무 그늘 밑 쑥이 성큼 자라는구나.

保守 보수

정이 많으니 금슬 소리가 북소리와 같도다.

차차 집안이 불어나니 백년친구가 즐겁도다.

원앙 침상에 백년을 가히 기약하리라.

하늘의 인연이 함께 하니 부자될 팔자로다.

사십 오, 칠세에는 년운이 대통하도다.

入舍 입사

백년에 맺힌 정은 재취하면 평안하리라.

원앙이 화합하지 못하니 갈매기와 해오라기에 정이 가깝도다.

앞마을 버들가지 꾀꼬리가 슬피 울도다.

만일 죽어서 이별하지 않으면 살아서 이별하리라.

봄이 하늘과 땅에 늦으니 후분이 마땅하도다.

離妻 이처

화원이 봄이 저무니 두 방에 달이 뜨도다.

처첩이 서로 다투니 한 동네 각방이 화락하구나.

만년영화는 자식궁에 있도다.

만일 일찍 처첩을 취하면 두 방을 가지리라.

상하 동서에 밤빛을 분간하기 어렵구나.

重夫 중부

서천에 해가 기우니 눈물로 세월을 보내도다.
남자는 상처하고 여자는 상부로다.
초년은 이롭지 아니하고 만년에 안락함을 만나리라.
활짝 핀 도화인데, 누가 내 마음을 알아 주리요.
만일 그렇지 아니하면 死地사지에서 회생하리라.

重夫 중부

도화를 연거푸 범하니 두 아내가 분명하도다.
뜰 앞 연못에 원앙이 화합하지 못하도다.
그대의 팔자는 처첩이 중중한 팔자로다.
도화가 꽃을 피우니 세 번 살림을 이루리라.
용맹을 좋아하고 색을 즐기니 의식이 스스로 족하도다.

剋子 극자

단풍 가을 색에 배를 적벽에 띄우도다.
원앙이 정이 없으니 갈매기와 해오라기가 서로 드나드는구나.
뜰 앞에 도화와 자두가 화려한 목단 보다 났도다.
금슬이 화락하면 자녀가 눈물을 흘리는 구나.
부부가 비록 화락하여도 이별을 어찌할꼬.

相嫌 상혐

부부가 서로 막혔으니 가문이 불화하도다.
이 사람 합운은 어떤 고 하니, 이별할 때와 합할 때가 있도다.
만일 죽어 이별이 아니면 생애가 가히 두렵도다.
만일 寅卯인묘년을 지나면 두 번 원앙을 만나리라.
춘흥이 부족하여 자주 떨어지는 꽃을 보리라.
※寅卯인묘년-범띠 해와 토끼 띠 해

隔山 격산

서로 생각하는 마음이 천리에 있으나 산하가 막혔도다.
유유한 내 생각을 어느 날 다시 펼꼬.
연나라 거문고 위에 초나라 거문고를 다시 기약하리라.
홀로 넘기는 해에 옛 매화가 다시 돌아오도다.
사십 후에는 길운이 스스로 생기도다.

求子 구자

연못의 원앙이 뜰에 핀 꽃을 근심하여 보는구나.
부부가 반목하니 처를 고쳐 산에 기도하도다.
청산 저무는 날에 아들을 구하여 집을 이루도다.
정실이 부실하니 첩이 정실이 되도다.
녹수가 의의한데 마음은 정하지 못하도다.

제3장
雁宮안궁

雁宮안궁은 형제의 많고 적음과 그 우애를 말한 것이다.

사주를 십이살 기본 도표에서 보아 생월과 생시를 찾은 후, 안궁 도표에서 해당하는 안궁을 찾는 것이다.

● 雁宮안궁표

안궁 생월	胞포	胎태	養양	生생	沐목	帶대	官관	旺왕	衰쇠	病병	死사	葬장
자	묘	진	사	오	미	신	유	술	해	자	축	인
축	진	사	오	미	신	유	술	해	자	축	인	묘
인	사	오	미	신	유	술	해	자	축	인	묘	진
묘	오	미	신	유	술	해	자	축	인	묘	진	사
진	미	신	유	술	해	자	축	인	묘	진	사	오
사	신	유	술	해	자	축	인	묘	진	사	오	미
오	유	술	해	자	축	인	묘	진	사	오	미	신
미	술	해	자	축	인	묘	진	사	오	미	신	유
신	해	자	축	인	묘	진	사	오	미	신	유	술
유	자	축	인	묘	진	사	오	미	신	유	술	해
술	축	인	묘	진	사	오	미	신	유	술	해	자
해	인	묘	진	사	오	미	신	유	술	해	자	축

▶ 1982년(壬戌임술년) 음력 7월 12일 주오시생

'태어난 해의 띠'를 보고 '십이살 기본 도표'에서 찾아보면
'생년-생월-생일-생시'가 '술-진-묘-유'로 다음과 같은 생월, 생시의 사주를 얻는다.

생년	생월	생일	생시
임 술	진	묘	유

[해설]

'생월-진', '생시-유'를 도표에서 찾아보면 안궁은 養양에 해당이 되는 것이다.

● 雁宮안궁 표

안궁 / 생월	胞포	胎태	養양	生생	沐목	帶대	官관	旺왕	衰쇠	病병	死사	葬장
자	묘	진	사	오	미	신	유	술	해	자	축	인
축	진	사	오	미	신	유	술	해	자	축	인	묘
인	사	오	미	신	유	술	해	자	축	인	묘	진
묘	오	미	신	유	술	해	자	축	인	묘	진	사
진	미	신	유	술	해	자	축	인	묘	진	사	오
사	신	유	술	해	자	축	인	묘	진	사	오	미
오	유	술	해	자	축	인	묘	진	사	오	미	신
미	술	해	자	축	인	묘	진	사	오	미	신	유
신	해	자	축	인	묘	진	사	오	미	신	유	술
유	자	축	인	묘	진	사	오	미	신	유	술	해
술	축	인	묘	진	사	오	미	신	유	술	해	자
해	인	묘	진	사	오	미	신	유	술	해	자	축

胞 포

공허한 뜰 안에 삼 형제가 동기로다.
남북소상에 한 기러기가 갈대를 물었구나.
물은 푸르고 모래는 밝은 데, 어찌하여 고독한고.
극해를 받으니 고독이요, 귀록인 즉 사 형제로다.
록이 없어 사 형제이나 비록 많다하여도 불화하리라.

胎 태

공허한 뜰 안에 두 기러기가 각기 나는구나.
조실부모하고 풍상을 겪어 보리라.
형이나 동생이나 어찌 무력한지고
일편 배를 띄우매 가을 달 아래 외로이 섰구나.
만일 육해를 만나면 비록 많으나 손실을 보리라.

養 양

비록 삼 형제 격이나 반드시 이별하리라.
자연 가내에서 골육이 서로 다투도다.
다만 남북에서 소리가 화목하니 같이 화목하리라.
자세히 살펴보면 형제가 각기 살아가도다.
이사를 여러 번 해야 효도로서 어머니를 봉양하리라.

生 생

공허한 뜰 안에 다섯 기러기가 각기 나는구나.
비록 기러기가 많으나 두 형제가 기약을 하도다.
만일 사 오 형제면 이복형제이리라.
동서에 분리하니 고독한 상이로다.
한 가지로 머물지 못하고 이익을 구하지 마라.

沐 목

나는 기러기가 비록 셋이나 근고하여 공이 없도다.
천지가 근고하니 어찌 사업을 지킬꼬.
남에도 있고 북에도 있는데 그 사이 산이 높도다.
만일 혹 왕운이 아니면 삼형제가 분분히 일어나도다.
옛 터는 이롭지 못하고 타향에서 현달하리라.

帶 대

처음은 비록 삼 사 형제이나 두 기러기가 가히 기약하리라.
만경창파에 배회하는 외로운 배라.
남북 두 기러기가 갈대를 먹는구나.
고독함을 탓하지 마라. 말년에 부자가 되리라.
끝없는 풍우가 동서에 흩어지게 하는구나.

官 _관

비록 사 형제가 있으나 세 기러기가 회동하는구나.
만일 이 삼 형제면 높은 가을 하늘을 날리라.
만일 사주에 천을이 있으면 쌍으로 가고 쌍으로 오리라.
마음이 허랑하여 자주 성패하리라.
혹 이 삼 형제가 있으면 각각 그 가정을 이루리라.

旺 _왕

비록 사 형제가 있으나 남북을 가히 기약하리라.
앵두나무 꽃이 사시춘풍이로다.
달은 희고 바람은 맑은데 삼 형제가 소리를 화합하도다.
혹 이 삼 형제 있으면 한 집에 용납하기 어렵도다.
만일 월살을 만나면 고단함을 면치 못하리라.

衰 _쇠

비록 삼 형제가 있으나 늦게 한 쌍을 얻으리라.
위인이 일찍 발전하니 밖은 부자요, 안은 가난하도다.
三湘삼상 달밤에 두 기러기가 외로이 나는 구나.
만일 길성이 임하면 우애로서 후일 공이 있으리라.
말년 운이 이미 돌아오니 고독한 상이로다.

病 병

삼 오 형제 그 밤에 달은 깊은 동산에 밝도다.

그 성정을 의논하면 반드시 고집이 있으리라.

瀟湘소상의 두 기러기 각각 날아 갈대를 먹는구나.

배를 적벽에 띄우니 끝없는 비바람이로다.

형제 사이에 태산이 높고 높구나.

死 사

비록 형제가 있으나 홀로 하늘과 땅이로다.

풍상이 여러 번 지나니 친적이 도리어 해가 되도다.

만일 형제가 있으면 천지가 오래지 않도다.

울며 앵두나무를 부탁하니 눈물을 뿌리고 길게 탄식하도다.

옛 터는 이롭지 못하니 死地사지에서 회생하리라.

葬 장

공허한 뜰 안에 세 기러기가 한 가지로 나는구나.

외로운 배 그늘 속에 삼 형제에 둘은 떨어지도다.

만약 형제가 많으면 이복형제가 있으리라.

만일 독신이 아니면 처궁에 근심이 있으리라.

늦게 왕운을 만나면 우애 있는 형제가 되리라.

제4장
蘭宮란궁

蘭宮란궁이라 함은 자식궁을 말한다. 자식의 많고 적음과 좋고 나쁨을 보는 장이다.

사주를 십이살 기본 도표에서 보아 生月생월을 찾은 후, 란궁 도표에서 해당하는 란궁을 찾는 것이다.

● 蘭宮란궁 표

태어난 띠 / 란궁	뱀띠 닭띠 소띠	돼지띠 토끼띠 양띠	원숭이띠 쥐띠 용띠	호랑이띠 말띠 개띠
一橋일교	인	신	사	해
二橋이교	묘	유	오	자
三橋삼교	진	술	미	축
四橋사교	사	해	신	인
五橋오교	오	자	유	묘
六橋육교	미	축	술	진
七橋칠교	신	인	해	사
八橋팔교	유	묘	자	오
九橋구교	술	진	축	미
十橋십교	해	사	인	신
十一橋십일교	자	오	묘	유
十二橋십이교	축	미	진	술

■ 예시. 1

▶ 1982년(壬戌임술년) 음력 7월 12일 午오시생

'태어난 해의 띠'를 보고 '십이살 기본 도표'에서 찾아보면
'생년-생월-생일-생시'가 '술-진-묘-유'로 다음과 같은 四柱사주를 얻을 수 있다.

생년	생월	생일	생시
임 술	진	묘	유

[해설]
란궁표에서 개띠에서 '생월-진'을 도표에서 찾아으면 란궁이 六橋육교에 해당된다

● 蘭宮란궁 표

태어난 띠 / 란궁	뱀띠 닭띠 소띠	돼지띠 토끼띠 양띠	원숭이띠 쥐띠 용띠	호랑이띠 말띠 개띠
一橋일교	인	신	사	해
二橋이교	묘	유	오	자
三橋삼교	진	술	미	축
四橋사교	사	해	신	인
五橋오교	오	자	유	묘
六橋육교	미	축	술	진
七橋칠교	신	인	해	사
八橋팔교	유	묘	자	오
九橋구교	술	진	축	미
十橋십교	해	사	인	신
十一橋십일교	자	오	묘	유
十二橋십이교	축	미	진	술

一橋 _{일교}

봄이 란궁에 깊으니 두 가지가 하나로 영화롭도다.

북두에 정성을 드리면 세 아들을 가히 기약하리라.

해마다 기도로서 액을 면하면 부귀영화를 가히 얻으리라.

희신이 경사로 모이면 재산이 풍륭하도다.

운이 순하고 몸이 왕하니 귀자를 반드시 부르리라.

二橋 _{이교}

음양이 구정하니 만물이 화하여 나도다.

아름답다 자궁이여. 어찌 荀氏순씨 八龍팔용을 부러워하리요.

지성으로 기도하면 오 형제가 한 가지로 영화하리라.

신살이 침노하니 자궁에 해가 있으리라.

해 마다 안택치성하면 한 아들은 등과하리라.

三橋 _{삼교}

뜰 앞의 보배 나무는 세 가지가 봄을 맞도다.

天狗星천구성이 해를 끼치니 란궁에 해가 있으리라.

지성으로 기도하라. 이른 자식 기르기 어려우리라.

북두가 명을 주관하니 마땅히 정하게 헌공하라.

이로부터 뒤는 두 아들을 가히 기약하리라.

四橋 사교

보배나무에 봄이 돌아오니 네 아들이 한 가지로 영화로다.
황릉 옛 사당에 외로운 귀신이 항상 울도다.
지성으로 산제를 지내면 한 아들은 귀히 되리라.
만일 믿음이 없는 공이면 이른 자식을 기르기 어려우리라.
한 번 단비가 흡족하니 백화가 난만하도다.

五橋 오교

심지가 고결하니 달이 희고 바람이 맑도다.
란궁의 수는 세 아들이 영화롭구나.
만약 양성이 아니면 이른 자식은 기르기 어렵도다.
해 마다 안택치성을 드리면 가도가 점점 부유해지리라.
청산 달밤에 한 갓 杜宇두우소리를 듣는구나.

六橋 육교

뜰 앞의 보배 나무는 그 열매가 둘 셋이로다.
바람이 나뭇가지에 드니 그 열매가 회오리에 열매가 떨어지도다.
그 액을 예방하려면 불전에 기도를 하라.
평생에 꺼리는 바는 개고기를 먹지마라.
지성으로 기도하면 가히 양자를 면하리라.

七橋 칠교

빼어난 난초 가지 세 가지가 두 아들의 영화로다.
밤이 오고 풍우가 오니 다소 꽃이 떨어지리라.
지성으로 오십을 지내면 쾌활한 뜻이 무궁하리라.
天狗星천구성이 와서 침노하니 일찍 방액을 하라.
칠성에 공이 있으면 두 아들이 가히 온전하리라.

八橋 팔교

자궁이 공위에 임하니 백도가 無子무자하도다.
자궁에 기쁨이 적으니 명산에 기도하라.
五辛菜오신채와 개고기는 극히 삼가야 하느니라.
칠성님과 부처님 앞에 정결히 기도하여 액을 면하라.
늦게야 두 아들을 얻으니 한 아들은 가히 귀히 되리라.

九橋 구교

란궁에 살이 드니 이른 자식을 기르기 어렵도다.
天狗星천구성이 해를 끼치니 미리 도액하라.
사방에 복록이 있으니 구설로 아들을 구하리라.
밤에는 칠성에 절하고 낮에는 불전에 헌공하라.
지성으로 기도하면 두 아들이 분명하도다.

十橋 십교

운이 병궁에 있으니 자궁이 불길하도다.

귀살이 와서 침노하니 조심하여 액을 막으라.

불전에 기도하면 가히 재액을 소멸시키리라.

평생에 꺼리는 바는 개고기와 말고기니라.

지성으로 기도하여 액을 면하면 가히 한 아들을 두리라.

十一橋 십 일 교

란궁을 보호하려면 명산에 공을 드리라.

지성감천하면 두 아들을 가질 수로다.

만일 그렇지 아니하면 외처에 아들이 있으리라.

해 마다 안택치성하면 백가지 해가 소멸하리라.

사십 후반과 오십 전에는 대운이 당도하리라.

十二橋 십 이 교

뜰 앞의 보배 나무는 그 열매가 일곱 여덟이로다.

눈앞에서 나를 향하니 슬하의 경사로다.

한 아들이 영귀하니 과거에 등과하리라.

아들이 많고 손이 여럿이니 어찌 汾陽분양을 부러워 하리요.

비록 많은 아들을 두었으나 종신은 네 아들이로다.

流年유년이라 함은 매년의 운을 말하는 것이다.

제4편
流年行運
유년행운

제1장

推運추운

推運추운은 매년의 운세를 보기 전에 인생의 전체적인 운을 보는 것이다.

이 추운을 바탕으로 流年유년운을 보는 것이다. 사주를 십이살 기본 도표에서 보아 생월을 찾은 후, 해당하는 추운궁을 보는 것이다.

● 推運추운 표

추운궁 띠	牛우	虎호	兎토	龍용	蛇사	馬마	羊양	猴후	鷄계	狗구	猪저	鼠서
쥐띠	묘	진	사	오	미	신	유	술	해	자	축	인
소띠	진	사	오	미	신	유	술	해	자	축	인	묘
호랑이띠	사	오	미	신	유	술	해	자	축	인	묘	진
토끼띠	오	미	신	유	술	해	자	축	인	묘	진	사
용띠	미	신	유	술	해	자	축	인	묘	진	사	오
뱀띠	신	유	술	해	자	축	인	묘	진	사	오	미
말띠	유	술	해	자	축	인	묘	진	사	오	미	신
양띠	술	해	자	축	인	묘	진	사	오	미	신	유
원숭이띠	해	자	축	인	묘	진	사	오	미	신	유	술
닭띠	자	축	인	묘	진	사	오	미	신	유	술	해
개띠	축	인	묘	진	사	오	미	신	유	술	해	자
돼지띠	인	묘	진	사	오	미	신	유	술	해	자	축

■ 예시. 1

▶ 1982년(壬戌임술년) 음력 7월 12일 누오시생

'태어난 해의 띠'를 보고 '십이살 기본 도표'에서 찾아보면
'생년-생월-생일-생시'가 '술-진-묘-유'로 되니 다음과 같은 생월의 사주를 얻는다.

생년	생월	생일	생시
임 술	진	묘	유

[해설]

推運추운표 개띠에서 '생월-진'을 찾으면 龍용이 된다.

● 推運추운 표

띠 \ 추운궁	牛우	虎호	兎토	龍용	蛇사	馬마	羊양	猴후	鷄계	狗구	猪저	鼠서
쥐띠	묘	진	사	오	미	신	유	술	해	자	축	인
소띠	진	사	오	미	신	유	술	해	자	축	인	묘
호랑이띠	사	오	미	신	유	술	해	자	축	인	묘	진
토끼띠	오	미	신	유	술	해	자	축	인	묘	진	사
용띠	미	신	유	술	해	자	축	인	묘	진	사	오
뱀띠	신	유	술	해	자	축	인	묘	진	사	오	미
말띠	유	술	해	자	축	인	묘	진	사	오	미	신
양띠	술	해	자	축	인	묘	진	사	오	미	신	유
원숭이띠	해	자	축	인	묘	진	사	오	미	신	유	술
닭띠	자	축	인	묘	진	사	오	미	신	유	술	해
개띠	축	인	묘	진	사	오	미	신	유	술	해	자
돼지띠	인	묘	진	사	오	미	신	유	술	해	자	축

牛 _우

천지가 무정하니 세업을 지키기 어렵도다.

언어가 어질고 순하나 마음속에는 심지가 굳도다.

일 이 삼 사세에는 천명이 당두하도다.

또 고집이 있고 재물에는 인색하여 능히 업을 이루리라.

만약 물과 불을 조심해야 한다면 巳戌사술년을 삼가라.

열일곱 여덟에는 화개가 문에 이르도다.

이십 오륙 세엔 아들을 둘 수로다.

길과 길에 분주하여 근력하여 생애하리라.

사십 팔구 세엔 北人북인을 삼가라.

창녀를 가까이 하지 마라. 치패가 많을까 두렵도다.

남과 더불어 교분 맺음이 평생 변치 아니하리라.

일생에 하는 일은 선무공덕이로다.

朱門주문에 출입하면 큰 이익이 많으리라.

길지가 어디 인고 하니 산도 아니요 들도 아니로다.

초운이 곤란함을 한탄하지 마라. 후분은 스스로 기쁘도다.

※巳戌사술년-뱀띠 해와 개띠 해. 朱門주문-벼슬이 높은 관리의 집

虎 호

위인이 엄숙하여 반드시 권리 잡는 것이 있도다.

골육의 정이 적으니 구름이 모이고 흩어짐과 같도다.

이른 장가는 이롭지 못하니 꽃이 눈을 만난 격이로다.

만일 몸에 흠이 없으면 얼굴에 흠이 있으리라.

칠 팔 구십 세에는 천지에 근심이 있도다.

십 일 이세에는 가히 물과 불조심을 하라.

십 오 륙 칠세에는 부부궁에 춘색이 왔도다.

이십 칠 팔세에는 영화로움이 아니면 액을 당하리라.

만약 그렇지 아니하면 부부문제로다.

조업을 지키기 어려우니 소리가 본가로부터 오도다.

만인의 뜻에 따라 경영을 도모하니 도처에 권리를 이루도다.

서른일곱 여덟에 이름이 사해에 가득하도다.

이 사람의 평생은 천금을 거래하는 것이로다.

소소한 귀록이니 재물과 복록이 풍족하도다.

兎 토

효도로서 어머니를 봉양하니 중(스님)될 팔자로다.

원래 청전은 없으니 일신이 분주 하도다.

오 륙 칠 팔세에는 호랑이가 그물을 벗어 나도다.

옛 터는 이롭지 아니하니 이주하면 길하리라.

봄 꿩이 스스로 우니 자못 패운을 맞으리라.

열 일곱 여덟에는 봄 바람에 목단이로다.

이십 내외에는 재주와 영화로움을 가히 기약하리라.

만일 재주와 영화가 아니면 천지에 근심이 가득하리라.

이십 팔 구세 운은 운수대통이로다.

늠름한 의용이요, 앙앙한 의기로다.

사십 이후에 마른 나무가 봄을 만나도다.

삼십 삼 사세엔 관액을 삼가라.

사십 일 이세엔 복록이 아니면 도리어 재앙이로다.

물가에서 살면 하는 업을 반드시 이루리라.

오십 이후에는 란궁에 해가 있도다.

龍 용

고기가 변하여 용이 되니 조화가 무궁하도다.

재덕을 겸비하니 금옥이 만당 하도다.

물가에서 살면 자연 재물을 얻으리라.

만일 성공을 못하면 한 가지 재주는 있으리라.

그렇지 아니하면 그 수가 반드시 피해를 보리라.

십 삼 사 오세에는 원앙이 서로 도모하도다.

청직한 그 마음에 이름이 스스로 드높으리라.

이십 일 이세에는 꽃과 나무가 봄을 만나도다.

춘풍이 온화하니 일생 외롭지 아니하도다.

이십 삼 사세에는 귀인이 와서 돕는구나.

이른 결혼은 이롭지 못하니 늦게 결혼하면 해로하리라.

이십 팔 구세에는 큰 이득의 재주가 있으리라.

삼십 오 륙세에는 대길의 운수로다.

작은 것을 큰 것으로 바꾸리라.

사십 팔 구세에는 운수대통이라.

蛇 사

우물속의 고기가 바다에 나가니 먼저는 곤란하고 나중은 태평하도다.

운명 중에 액이 있으니 세업은 덕이 없도다.

그러나 재액이 없고 병이 적은 이유는 일주가 고결하고 강하기 때문이라.

으뜸 되는 조업은 없으니 고독하게 성공하리라.

구세 십일 이세에는 천지에 근심이 있도다.

십 오 륙 칠세에는 목단이 꽃을 피우도다.

이십 삼 사세이면 자식을 가질 수 있도다.

이십 육 칠세에는 대길한 수로다.

일을 경솔히 하지마라. 그러면 괴이한 일을 당하리라.

까치가 동서에 깃 들으니 누차 이사하리라.

만일 글로써 업을 삼지 않으면 토지로써 사업을 지으리라.

삼십 육세, 사십 팔세는 재수가 대통하리라.

이른 자식을 기르기 어려우니 무후봉사 하리라.

운이 옛터에 돌아오니 가히 평안함을 얻으리라.

평생의 운은 길흉이 상반하리라.

馬 마

위인이 일찍 현달하니 말을 타고 재물을 얻도다.

성정이 급하나 쉽게 풀리고 안으로 인정이 많도다.

십 오 륙 칠세에는 원앙이 서로 도모하는구나.

이십 삼 사세에는 물조심 불조심을 하라.

경거망동하지 않으면 해가 없고 활동하면 길함이 있도다.

이십 육 칠세에는 춘풍에 꽃이 피도다.

만일 그렇지 아니하면 길함이 변하여 흉함이 되리라.

鼓角고각이 일제히 우니 흉봉이 점점 이르는구나.

삼십 삼 사세에는 운수대통이라.

복록이 관직에 있으니 위인이 귀함이라.

향화에 나가니 도처에 춘풍이로다.

만일 귀인이 아니면 만인과 교역하리라.

사십 삼 사세에는 물고기가 큰 바다에 들어가도다.

귀성이 비추니 귀인이 와서 돕도다.

동서로 분주히 다니니 천리에 복록을 이루리라.

羊 양

동위를 달리는 말이 분주하여 성공과 실패수가 있도다.

여러 번 이사하니 허송세월이로다.

높은 산에 나무를 심으니 적은 걸 쌓아 큰 것을 이루도다.

힘들게 재물을 얻고 타인을 좋아하리라.

만일 두 어머니가 아니면 무후봉사하리라.

십 칠 팔세에는 춘풍이 만발 하도다.

良工양공이 옥을 다듬으니 사방에 식복이 있으리라.

만일 조실부모가 아니면 타인에게 의탁되리라.

비록 근고가 많으나 허황되게 세월을 보내리라.

이십 삼 사세에는 영화가 아니면 병을 얻으리라.

이십 삼 사세에는 신수가 불편하리라.

남북으로 분주하니 몸과 마음이 상하리라.

삼십 육 칠세에는 동에서 패하고 서에서 상처받도다.

삼십 사세와 사십 이세에는 만사가 여의하리라.

힘들게 재물을 얻어 타인의 손해를 구하리라.

천지가 뜻을 통하니 밖은 가난하나 속은 부유하리라.

명산에 기도하면 매사에 여의하리라.

십 삼 사세에는 반드시 상복 입을 수로다.

그렇지 아니하면 원앙이 서로 모사를 꾸미리라.

십 오 륙세에는 봄바람에 목단이 피도다.

십 구세, 이십 일세에는 봄이 계수나무 궁에 깊어 관록이로다.

시비를 가까이 하지마라. 타인으로 인하여 액을 당하리라.

비둘기 집에 까치가 침범하니 남으로 인해 해를 입으리라.

운이 천지에 있으니 마침내 큰 그릇을 이루리라.

삼십 칠 팔세에는 운수가 대통하리라.

약은 東嶺동령에서 캐고 액은 南山남산에서 기도하도다.

모으고 흩어지니 세상일 무상함이 구름과 같도다.

사십 삼 사세에는 손에 천금을 희롱하리라.

말년 영화는 몸이 금곡에 들도다.

鷄 계

밖에는 바람이 가로 막고 안에는 풍파가 더하리라.

타인을 좋아하니 그 뜻이 높구나.

잠시 모이고 잠시 흩어짐이 한 두 번이 아니리라.

초년의 성패는 세업을 지키기 어려우리라.

일 이 삼 사세에는 風疾풍질의 액이 많도다.

오 륙 칠 팔세에는 사업이 바람에 흩어지리라.

십 구, 이십 팔세에는 봄바람에 목단이 피도다.

삼십 삼 사세에는 신수가 대통하리라.

사십 삼 사세에는 집안일이 대통하리라.

이름이 원근에 높으나 친함을 보지 못하는 구나.

주작이 길게 우니 사람의 구설이 많도다.

만일 문장이 아니면 풍류가 방자하도다.

다른 이익을 구하지 마라. 농사 일이 크게 이롭도다.

오십 일 이세에는 손으로 천금을 희롱하리라.

狗 구

마음에 비록 덕이 있으나 초년은 좋지 못하구나.

만일 두 어머니가 아니면 남의 양자 팔자로다.

평생에 성정은 단정한 마음씨로다.

성정이 곧고 마음이 평온하며 높은 뜻이 있도다.

오 륙 칠 팔세에는 낙상할 수로다.

십 일 이세에는 바람 만난 부평초로다.

십 사 오세에는 원앙이 서로 꾀하도다.

삼십 구세 사십 세운은 운수대통하리라.

사십 삼세 오십 이세에는 의외의 횡재수로다.

만일 그렇지 아니하면 슬하에 액이 있으리라.

자손이 만당하니 그 중 혹은 부자 혹은 귀한 자식이 있으리라.

초년 중년 말년을 보자면 길흉이 상반이로다.

주색을 가까이 하지마라. 손재가 있고 몸을 해치리라.

오십 오 륙세에는 소와 말을 잃으리라.

노고함을 염려마라. 그로 인하여 경사가 있으리라.

猪 저

천지에 덕이 없으니 세업을 지키기 어렵도다.

식록이 멀고머니 쓰고 달음을 가리지 않는구나.

성정이 교묘하니 수시로 변통하도다.

옛 터는 이롭지 못하니 멀리 타향에서 살리라.

일 이 삼 사세에는 風疾풍질로 고생해 보리라.

오 륙 칠 팔세에는 칼과 낫에 흠을 입으리라.

십 오 륙 칠세에는 춘풍에 꽃이 피도다.

이십 일 이세에는 봉황이 화락하도다.

스스로 취하고 스스로 해치니 중년에 치패수로다.

만일 두 어머니가 아니면 무후봉사하리라.

삼십 삼 사세에는 몸이 평안하고 재물이 왕하도다.

삼십 칠 팔세에는 유곡에 봄이 돌아오도다.

평생에 꺼리는 바는 물과 불을 조심하라.

사십 일 이세에는 고기가 변하여 용이 되도다.

사십 구세 오십 운은 운수대통하리라.

鼠 서

옛 터에 오래 머무르면 靑氈청전에 해가 있도다.

초년에 하는 일은 머리는 있고 꼬리는 없도다.

지혜와 꾀가 많으니 때에 따라 변통하도다.

하는 일이 번거로우니 경영하는 일이 막히리라.

십 사 오세에는 꾀꼬리가 幽谷유곡에서 나오도다.

이십 오 륙세에는 관액을 삼가라.

골육의 정이 적으니 모이고 흩어짐이 무상하도다.

사십 삼 사세에는 기쁜 일이 장차 오리라.

사십 칠 팔세에는 북쪽으로 이사하리라.

평생에 귀인은 木性목성이 인연이리라.

甲年갑년과 己年기년에는 영화가 무궁하리라.

西人서인을 가까이하지 마라. 화재가 가히 두렵도다.

오십 칠 팔세에는 반드시 큰 이익을 보리라.

귀인이 와서 도와주니 가히 횡재를 하리라.

자손이 만당하여 혹은 부자거나 혹은 귀히 되리라.

※목성(木姓)-간(簡) 강(康) 고(高) 고(固) 공(孔) 김(金) 동(董) 박(朴) 연(延) 염(廉) 우(虞)
유(俞) 유(劉) 육(陸) 정(鼎) 조(趙) 조(曺) 주(朱) 주(周) 차(車) 추(秋) 최(崔) 홍(洪)

제2장
流年유년운
(天干천간)

流年유년이라 함은 한 해 한 해 매년의 운을 보는 것이다.

사주 日干일간을 중심으로 매년의 천간과 비교하여 그 해의 운세를 보는 것이다.
行年運행년운이라고도 한다. 이를 보기 위해서는 만세력이 필요하다.

● 行年運행년운표

일간 유년운	甲갑 일간	乙을 일간	丙병 일간	丁정 일간	戊무 일간	己기 일간	庚경 일간	辛신 일간	壬임 일간	癸계 일간
胞포	경	신	임	계	임	계	갑	을	병	정
胎태	신	경	계	임	계	임	을	갑	정	병
養양	무	기	기	무	기	무	무	기	기	무
生생	임	정	갑	신	갑	신	병	계	경	을
沐목	계	병	을	경	을	경	정	임	신	갑
帶대	기	무	무	기	무	기	기	무	무	기
官관	갑	을	병	정	병	정	경	신	임	계
旺왕	을	갑	정	병	정	병	신	경	계	임
衰쇠	무	기	기	무	기	무	무	기	기	무
病병	병	계	경	을	경	을	임	정	갑	신
死사	정	임	신	갑	신	갑	계	병	을	경
墓묘	기	무	무	기	무	기	기	무	무	기

160

■ 예시. 1

생시	생일(일간)	생월	생년
병	임	경	을
오	진	진	묘

[해설]

일간은 壬임이 되므로 2008년 무술년은 유년운은 '帶'대가 되고, 2015년 乙未을미년은 유년운이 '死사'가 되는 것이다.

● 行年運행년운표

유년운 \ 일간	甲갑 일간	乙을 일간	丙병 일간	丁정 일간	戊무 일간	己기 일간	庚경 일간	辛신 일간	壬임 일간	癸계 일간
胞포	경	신	임	계	임	계	갑	을	병	정
胎태	신	경	계	임	계	임	을	갑	정	병
養양	무	기	기	무	기	무	무	기	기	무
生생	임	정	갑	신	갑	신	병	계	경	을
沐목	계	병	을	경	을	경	정	임	신	갑
帶대	기	무	무	기	무	기	기	무	무	기
官관	갑	을	병	정	병	정	경	신	임	계
旺왕	을	갑	정	병	정	병	신	경	계	임
衰쇠	무	기	기	무	기	무	무	기	기	무
病병	병	계	경	을	경	을	임	정	갑	신
死사	정	임	신	갑	신	갑	계	병	을	경
墓묘	기	무	무	기	무	기	기	무	무	기

※반드시 생년, 생월, 생일, 생시의 십이살과 함께 비교하며 보아야 한다. 십이살에 흉함이 많으면 행년이 길하여도 크게 길하지 못한다. 십이살에 흉함이 많고 행년도 흉하면 반드시 흉함을 당한다. 십이살과 12 운성포태법과 행년 모두 길하면 대길한 것이다.

胞 포

행년이 포를 만나면 일만 많고 이롭지 못하다.
胞神포신 일 위가 이름이 끊어졌도다.
사주에 월살이 겸하면 風病풍병을 면하기 어렵다.
만일 역마를 만나면 상업에 크게 이롭도다.
같은 干支간지를 만나면 자손이 다리 병이 들리라.

胎 태

만일 귀함과 길함이 겸하면 재앙을 소멸하고 대길하리라.
만일 흉살을 만나면 재앙을 반드시 만나리라.
년살과 목욕이 들면 골육이 서로 형벌하리라.
사주에 태를 다시 만나면 부부가 서로 이별하리라.
만일 旺왕을 만나면 백사가 대통하리라.

養 양

일이 있고 없고를 떠나 작은 일이 크게 이루어지리라.
貴神귀신이 서로 모이니 복록이 이지러지지 않도다.
악살이 침범하니 날로 재앙을 보리라.
귀한 자식을 낳으니 吉神길신의 도움이라.
양은 요사한 것이니 매사 조심하라.

生 _생

생

행년에 장생은 만사가 대길 하리라.
만일 관록에 오르면 고관대작 격이로다.
만일 역마를 만나면 재물이 생하여 가사가 윤택하리라.
사주에 거푸 만나면 쌍둥이를 낳으리라.
만일 쌍둥이를 목 낳으면 재수 대통하리라.

沐 목

몸에 중병이 있으니 밖에 일을 어찌 관계하리요.
만일 몸에 병이 아니면 가산을 탕진하리라.
사주에 간지가 서로 목욕이면 음란파상하리라.
도화를 겸하면 喪妻상처하리라.
만일 正印정인운을 만나면 도리어 반드시 귀하게 되리라.

帶 대

영화로운 날이 있으니 자손의 경사로다.
만일 귀인을 합하게 되면 의식이 스스로 족하게 되리라.
만일 화개를 만나면 靑鳥청조가 서신을 전하리라.
사주에 간지가 모두 帶대이면 공이 귀록에 중하리라.
만일 천살을 만나면 반드시 귀한 아들을 두리라.

官 관

관에 제왕이 함께 있음을 기뻐하느니라.

만일 등과하지 못하면 황금을 낳이 쌓으리라.

겁살과 망신을 만나지 마라. 주색으로 패가망신하리라.

녹마를 겸하면 재수가 대단히 좋으리라.

寅申巳亥인신사해월은 가히 石崇석숭을 웃도다.

※寅申巳亥인신사해월-1, 7, 4, 10월

旺 왕

행년이 왕을 만나니 몸이 왕성하고 재물도 왕성하리라.

만일 장성을 만나면 관록이 반드시 높으리라.

만일 녹마를 만나면 관운이 크게 오르리라.

겁살 흉신과 함께 있으　면 주색으로 대패하리라.

子午卯酉자오묘유월은 이름이 사해에 떨치리라.

※子午卯酉자오묘유월-11, 5, 2, 8월

衰 쇠

재물이 있어도 이루지 못하니 백사가 불리하도다.

만일 역마를 만나면 장사를 하여 분주하리라.

만일 제왕을 만나면 만사가 형통하리라.

冷却냉각 중병은 병고와 죽음이 함께 한 까닭이라.

만일 목욕과 도화를 만나면 술장사를 해보리라.

病 병

행년의 병살은 胞포와 病병이 함께 한 격이라.

길신이 많이 부조하면 흉함이 변하여 길함이 되리라.

성정이 만일 조급하면 한 번은 병패가 있으리라.

일이 뜻과 같지 아니하니 장성이 들면 길하리라.

이들을 거푸 만나지 마라. 병중에 신음하리라.

死 사

동에서 분주하고 서에서 분주하니 먹을 것은 적고 일만 번거롭구나.

만일 역마를 얻으면 행상하면 이로우리라.

죽은 땅이 살아나니 마침내는 큰 대운을 만나리라.

만일 역마를 거푸 만나면 자식에 불길하도다.

먹을 것은 떨어지지 않으나 신수가 이롭지 아니하도다.

墓 묘

자식궁이 이롭지 못하니 육친이 무덕하도다.

잠깐 가사 일을 물으면 예전에 먹을 것으로 살아가도다.

관귀와 합하면 가히 石崇석숭을 웃으리라.

운이 장성에 닿으면 재물과 복록이 대길하리라.

辰戌丑未진술축미월에 횡재를 가히 기약하리라.

※辰戌丑未진술축미월-3, 9, 12, 6월

제3장
流年유년운
(地支지지)

流年유년이라 함은 한 해 한 해 매년의 운을 보는 것이다.

태어난 띠를 중심으로 매년의 地支지지와 비교하여 그 해의 운세를 보는 것이다. 地支지지 行年행년운이라고도 한다

※띠를 기준하여보며, 매년의 지지로 그 해 운을 본다.

● 地支지지 行年행년운 표

유년운 \ 띠	범띠 말띠 개띠	돼지띠 토끼띠 양띠	원숭이띠 쥐띠 용띠	뱀띠 닭띠 소띠
劫殺겁살	해	신	사	인
災殺재살	자	유	오	묘
天殺천살	축	술	미	진
地殺지살	인	해	신	사
年殺년살	묘	자	유	오
月殺월살	진	축	술	미
亡身망신	사	인	해	신
將星장성	오	묘	자	유
攀鞍반안	미	진	축	술
驛馬역마	신	사	인	해
六害육해	유	오	묘	자
華蓋화개	술	미	진	축

▶ 1965년 음력 8월 5일 午오시생 – 2015년(乙未을미 년) 운세

[해설]

뱀띠가 未미(양)해를 만났다면 2015년 운은 月殺월살에 해당한다.

● 地支지지 行年행년운 표

유년운 \ 띠	범띠 말띠 개띠	돼지띠 토끼띠 양띠	원숭이띠 쥐띠 용띠	뱀띠 닭띠 소띠
劫殺겁살	해	신	사	인
災殺재살	자	유	오	묘
天殺천살	축	술	미	진
地殺지살	인	해	신	사
年殺년살	묘	자	유	오
月殺월살	진	축	술	미
亡身망신	사	인	해	신
將星장성	오	묘	자	유
攀鞍반안	미	진	축	술
驛馬역마	신	사	인	해
六害육해	유	오	묘	자
華蓋화개	술	미	진	축

※반드시 생년, 생월, 생일, 생시의 십이살과 함께 비교하며 보아야 한다. 십이살에 흉함이 많으면 행년이 길하여도 크게 길하지 못한다. 십이살에 흉함이 많고 행년도 흉하면 반드시 흉함을 당한다. 십이살과 12운성포태법과 행년 모두 길하면 대길한 것이다.

劫殺 겁살

겁살 해에는 백사가 불리하도다.

육친이 무덕하니 타향이 좋다더라.

고향은 이롭지 아니하고 출타하면 마음이 한가하리라.

재성을 충파하면 빈곤을 면하기 어렵도다.

부모에게 조석으로 근심이 있으리라.

災殺 재살

천지에 정이 없으니 백사가 크게 흉하리라.

羊刃양인을 만나면 액이 자신을 쫓으리라.

만일 몸에 병이 없으면 한 번 재액에 놀라리라.

만일 胎태를 만나면 재수가 낭패를 보리라.

만일 帝旺제왕을 만나면 재앙이 소멸하고 극히 귀히 되리라.

天殺 천살

올해에 천살이 드니 손재할 수로다.

여간 재물은 흩어지리라.

남일 冠帶관대를 만나면 의식이 안정되리라.

가히 인구가 늘어나니 자식을 둘 수로다.

만일 養양과 生생을 만나면 만사가 대길하리라.

地殺 지살

胞포살을 가까이 마라. 흉사를 측량하기 어렵도다.
만일 長生장생을 만나면 관록을 입을 명이로다.
겸하여 귀와 록을 만나면 논밭이 스스로 불어나도다.
글로써 벗을 모으니 문학의 상이로다.
어머니에게 근심이 드니 소복 입을까 두렵도다.

年殺 년살

고향이 이롭지 못하니 물과 불을 조심하라.
養양을 만나면 적게 길하고 沐목을 만나면 대패하리라.
만약 旺왕을 만나면 횡재수가 있도다.
만일 空亡공망을 합하면 喪妻상처할 수로다.
골육이 서로 다투니 무슨 연고인고.

月殺 월살

몸을 산문에 의지하니 근심이 친궁에 있도다.
관재구설이 간간히 있도다.
만약 胞포살을 겸하면 풍병이 몸을 침노하리라.
衰쇠 病병 華蓋화개는 몸이 고달프리라.
丙戌병술년이 가장 두려우니 횡액의 수로다.

亡身 망신

올해에 망신이 드니 관재를 삼가라.

발동하면 손재를 입으리라.

만일 養양 生생을 만나면 곡식이 풍부하리라.

帝旺제왕이 있으면 백가지 재앙이 소멸하리라.

만일 長生장생을 만나면 귀인이 나를 돕는구나.

將星 장성

몸이 용문에 드니 청운에 길이 있도다.

관문에 출입하면 귀인의 품위로다.

帝旺제왕이 함께 하면 병부를 허리에 차리라.

沐浴목욕을 만나면 재물이 손상되리라.

혹 胎태살을 보면 귀하다고 말하리라.

攀鞍 반안

만일 관록이 아니면 년운이 불리하도다.

올해의 운은 길흉이 상반하리라.

만일 辰진년을 만나면 년운이 불길하리라.

大毛대모가 되니 횡액을 면하기 어려우리라.

관재의 액은 혹 귀양 갈까 두렵다.

※辰진년-용띠 해

驛馬 역마

강산을 편답하여 사방에 주류하리라.

어머니에 근심이 있으니 질병을 삼가라.

만일 행년에 長生장생과 官관을 만나면 백가지 재앙이 소멸하리라.

그리고 도리어 관직에 오르리라.

장안 삼월에 반드시 과거급제하리라.

六害 육해

행년에 육해가 들면 손재할 수로다.

남으로 인하여 피해를 입으니 타향에서 분주하리라.

死사와 絶절이 가장 악하니 신명이 대패하리라.

고독하고 의탁할 곳이 없으니 자녀에게 해가 있으리라.

만일 帝旺제왕을 만나면 재액을 소멸하고 대길하리라.

華蓋 화개

꽃방에 재수가 있으니 처첩을 얻을 수로다.

생년과 동궁이 되면 색으로 패하리라.

만일 羊刃양인이 들면 횡액으로 대패하리라.

帝旺제왕과 함께 행년에 들면 반드시 관록을 입으리라.

死사 絶절 胞포 胎태와 함께 하면 반드시 처궁에 이롭지 못하리라.